"新时代地方公共债务的理论与实践"丛书

公共债务问题研究
（以北京市为例）
——规模测算、机制分析及政策建议

毛捷　韩瑞雪　徐军伟　著

中国财经出版传媒集团
中国财政经济出版社

图书在版编目（CIP）数据

公共债务问题研究：以北京市为例：规模测算、机制分析及政策建议／毛捷，韩瑞雪，徐军伟著．――北京：中国财政经济出版社，2020.6

（"新时代地方公共债务的理论与实践"丛书）

ISBN 978－7－5095－9749－1

Ⅰ．①公… Ⅱ．①毛… ②韩… ③徐… Ⅲ．①地方财政－债务管理－研究－北京 Ⅳ．①F812.71

中国版本图书馆 CIP 数据核字（2020）第 057410 号

责任编辑：李昊民　刘孺泾　　　　责任印制：张　健
封面设计：陈宇琰　　　　　　　　责任校对：李　丽

中国财政经济出版社 出版

URL：http：//www.cfeph.cn
E－mail：cfeph@cfemg.cn

（版权所有　翻印必究）

社址：北京市海淀区阜成路甲 28 号　邮政编码：100142
营销中心电话：010－88191537
北京富生印刷厂印刷　　各地新华书店经销
710×1000 毫米　16 开　12.75 印张　146 000 字
2020 年 6 月第 1 版　2020 年 6 月北京第 1 次印刷
定价：51.00 元
ISBN 978－7－5095－9749－1
（图书出现印装问题，本社负责调换）
本社质量投诉电话：010－88190744
打击盗版举报热线：010－88191661　　QQ：2242791300

序言
PREFACE

2011年5月,毛捷博士入职对外经济贸易大学国际经济贸易学院财税学系。彼时的贸大财税学系正处初创阶段,缺师资,学科点也不全,社会影响力不大。由于志趣相投,我和毛捷博士很快成为好友。在我兼贸大财税学系系主任的数年里,他是我的助手,我们和学系其他同事一起努力工作,干出了一点小小成绩。毛捷博士的这本书是他和他的研究团队承担的国家社科基金重大项目的阶段性成果,该项目研究新时代我国地方政府债务风险的新特征与监管对策。本书以北京市为例,从地方公共债务(也就是政府性债务)的概念界定和基础事实入手,建立一套比较科学的地方公债统计方法,以此为基础,对北京市公共债务的形成机制展开量化分析,并结合国际经验,从短期、中期和长期分别提出加强地方公共债务管理的政策建议。

关注地方政府债务问题已逾二十年。分税制财政体制下,各级政府财政相对独立,地方政府拥有发债权是必然的,也适应国家治理现代化和未来中国财政体制进一步改革的需要。地方政府举债的主要目标是为了提高地方政府的公共服务能力,并以此促进财政政策目标的实现。尤其是在公共基础设施的投资上,城市道路、地铁和保障房等设施的建设属于长期资本投资,投资规模大、受益期长,仅以一年的收入,无论是地方税收收入,还是中央财政转移支付所取得的收入来加以融资,往往不能提供充足的财力,举债不仅可以保证此类公共基础设施的提供,而且可以让未来享受基础设施的后代人共同分摊公共投资的成本,实现跨代间的公平。

顾及预算软约束等问题，中央对地方政府举债的财政赋权是比较谨慎的，采取了跨时较长的渐进式改革。20世纪90年代的国债转贷，2009年至2014年的中央代地方政府发债以及"自发代还""自发自还"改革试点，2015年之后全面放开省级政府发债。二十余年来，中央和地方共同努力、积极探索，一步一个脚印，地方政府公债发行和管理体制逐渐成型。举债的第一步是发债，而地方政府发债需要具备配套条件，包括增加地方政府债务信息的透明度、明确地方债的用途和建立硬预算约束机制等。其中，增加债务信息透明度尤为重要。不同地方政府的财力状况不同，只有全面地掌握政府资产和负债情况，才能让市场对地方政府的应债能力和信用状况作出准确评估。缺乏科学信用评级的地方债发行，距离市场发行有着较大差距，这种状况如长期持续，市场就难以对地方债发行有真正的约束。

提高地方政府债务信息透明度，离不开对地方政府债务规模的统计。地方债问题的争议也主要是因统计口径而生。地方政府直接负债的风险没有什么争议，问题出在间接负债、隐性债和或有负债上。大量地方债都是没有得到国务院批准，而以企业债、公司债等各种各样名义存在的。这些债务并不等同于地方政府直接债务。也正因为如此，"地方政府性债务"这一很有转型期中国特色的"新事物"才会出现。从实际运作来看，财政部门一直在统计地方债，但是统计中的种种信息损失，导致所获取的债务信息与实际情况有一定差距。国家审计署的审计工作在很大程度上弥补了地方债信息不足。但是，正常的地方政府债务统计不能通过"非常"的审计工作来完成。

解决上述问题，首先要有最基本的数据，而这需要建立在对地方政府债务认定标准科学选择的基础之上。由于地方债问题是财政、金融、宏观经济管理等众多问题的交汇点，给地方政府债务的科学认定制造了巨大困难，尤其是对2015年新预算法实施后仍游离于财政预算之外的所谓地方政府隐性债务的认定，各方说法不一，统计口径也存在差异。新预算法赋予省级政府的发债权限是不完全的,省级政府只能在规定的限额内进行发债。从防范财政风险的目标出发,限额规定是必要的。但是,当限额不足以满足地方资金需求时,地方政府就会设法绕道融资。如果恰好有可以利用的"渠道",如担保、政府产业基金、PPP、政府购买服务等,地方政府往往不惜"铤而走险",利用这类"渠道"融资也就不足为奇。绕道融资的结果就是隐性债务,由于其中混杂了政府信用和市场信用等多种复杂因素,如何对其规模进行科学认定,一直困扰学术界。

此外,利用基本数据进行地方政府债务风险的分析,还会遭遇地区异质性问题的挑战。例如,发达地区与经济欠发达地区的地方政府债务风险就有很大差别。发达地区的地方政府财力较为丰富,但资金需求量也较大,债务规模较大;欠发达地区的地方政府财力相对不足,资金需求量通常较小,债务规模较小。债务规模大的不见得风险就更大,这是因为财力较丰富的地方政府通常有更强的融资能力,而财力薄弱地方融资渠道少,可动用的财力少,较小规模的债务反而可能意味着更大风险。

毛捷博士和他的研究团队在开展对地方政府债务问题的研究时,从一开始就非常重视数据问题。他们于2015年发表在《财贸经济》上的论文"财政状况与地方债务规模——基于转移支付视角的新发现",以及2018年发表在《金融研究》上的论文"地方债务、区域差异与经济增长:基于中国地级市数据的验证",没有直接使用Wind数据库等第三方数据机构提供的地方政府债务数据,而是手工收集相关数据。他们于2019年分别发表在《财政研究》和《财经智库》上的论文"中国地方政府债务问题研究的现实基础——制度变迁、统计方法与重要事实"和"新时代地方财政治理:地方债实地调研和间接金融分权视角",通过深刻剖析我国地方政府债务问题的基本事实和重要特征,指出了现有研究在统计地方政府债务时存在的各种不足。也正是基于扎实的实地调研和与实务部门的紧密沟通,他们得以构建一套比较科学的地方政府债务统计方法，由此形成的部分学术研究成果已发表于《中国社会科学》《财贸经济》和《经济社会体制比较》等。

本书正是利用毛捷博士和他的研究团队开发的地方政府债务统计方法，以具有特殊政治经济地位的北京市作为研究对象，结合相关理论研究与制度环境分析，对特定地区的公共债务规模、结构、特征和形成机制等进行系统研究。本书有以下三个主要看点：其一，作者全面统计了北京市公共债务规模，包括政府债券、融资平台存量金融债务以及北京市连带隐性债务三部分，其中连带隐性债务系首次提出，为进一步完善地方政府债务的统计方法提供了新思路；其二，作者从财政压力、发展压力、金融成熟度以及地区协同发展等多维视角，分析了形成地方政府债务的驱动因素，为全面理解地方政府债务的形成机制提供了新证据；其三，作者借鉴美国、日本和意大利等国外地方公共债务管理经验，提出有助于有效管控地方政府债务规模和风险的政策建议，既包括短期措施，也提供中长期布局规划。

期待毛捷博士和他的研究团队在地方政府债务问题这一领域持续深耕。"天下大事，必作于细。"只有相关学术研究和政策分析专业化程度不断提高，研究方法和基本数据日臻完善，才能为我国地方政府债务问题的妥善解决提供真正有价值的智力支持。

杨志勇

2020 年 2 月 15 日于北京

前言
PREFACE

目前，学术界有关地方公共债务的研究取得了丰硕成果，但就某一具体省份的深入研究十分有限。北京市拥有特殊的政治经济地位，必须防止持续膨胀的地方公共债务成为北京市乃至全国实现经济社会持续健康发展的重要隐患。党中央将防范化解重大风险作为决胜全面建成小康社会"三大攻坚战"之一，有效控制北京市公共债务规模过快增长也是防范化解重大风险的题中之义。因此，本书以北京市公共债务作为研究对象，系统分析北京市公共债务规模及其形成机制，提出了从源头上防范化解北京市公共债务风险的政策建议。

本书的主要研究内容和核心观点如下。

第一，地方公共债务的核心概念与基础事实。结合已有文献和调研资料，本书重点研究公共债务的不同概念与统计口径，在此基础上，借助若干典型案例，重点阐述当前我国地方公共债务存在的重要事实。这些事实包括地方公共债务与土地等国有资产的紧密捆绑、地方政府举债过程中的政府信用金融化、地方公共债务融资来源和资金投向等呈现区域异质性、地方公共债务具有多重资源配置作用（金融整合、基建分工和产业布局）、相关政策实施中遭遇道德风险、地方政府举债冲动与举债恐慌并存以及地方政府举债的市场约束逐步增强等。上述的核心概念和基础事实为后续分析北京市公共债务的规模和形成机制提供了现实依据。

第二，北京市公共债务的理论研究与制度环境分析。基于公共产品理论、代际公平等理论，本书分析总结了北京市公共债务的形成机制。通过研究发现，财政体制是北京市公共债务规模不断增长的根本原因，行政管理因素是驱动因素，投融资体制和债务管理体制是技术层面因素，而其他经济因素是债务扩张的催化剂。

第三，北京市公共债务的统计方法和现状分析。首先，本书明确债务统计口径，即北京市公共债务主要由政府债券、融资平台存量金融债务以及北京市连带隐性债务三部分组成。其次，从债务规模和可持续性两个角度研究北京市公共债务整体情况。再次，分别介绍北京市政府债券、融资平台存量金融债务以及城投债的具体情况，同时通过案例分析的方法研究北京市连带隐性债务（是指除北京以外的其他省份的融资平台通过北京市政府所有的金融机构进行融资，由此产生的违约风险而给北京市政府带来的连带债务）。最后，总结得出北京市公共债务的主要特征。

第四，北京市公共债务的形成机制研究——基于财政压力的分析。导致我国地方公共债务增长的因素有很多，其中财政分权等因素产生的财政压力是地方公共债务快速膨胀的制度性因素。我们尝试以2008年企业所得税改革作为地方政府财政压力变化的准自然实验，采用强度DID（双重差分法）的计量方法验证财政压力对北京市公共债务规模的影响。实证结果表明：(1) 2008年企业所得税改革使北京市各区县政府的财政压力增大，进而刺激地方公共债务扩张。具体来说，财政压力增加10%，人均地方公共债务增长34.53%。(2) 上述效应具有滞后性与持续性，债务扩张效应从"企业所得税改革第2年"开始显著表现，且在之后五年中该效应不断扩大。(3) 一系列稳健性检验结果均与基准回归结果保持一致。

第五，北京市公共债务形成机制的拓展分析。我们通过对公共债务的相关理论、债务现状以及形成体制的分析发现，北京市公共债务的形成因素是多方面的。作为财政压力债务效应的拓展分析，我们研究了发展压力、金融成熟度、京津冀地理位置以及政府间转移支付等因素对北京市公共债务规模的影响。实证结果表明：（1）发展压力促使地方政府大举借债，为地区间经济竞争筹集资金；（2）金融成熟度越高，能为地方政府举借债务提供更为有利的市场条件，降低融资成本、提高融资成功率，使地方公共债务规模不断扩大；（3）与天津市、河北省相邻的北京区县在京津冀协同发展进程中发挥着重要作用，基础设施建设任务重、资金需求量大，但由于这些地区经济和金融发展水平相对有限，存在明显的资金需求与投融资能力"空间错配"等问题；（4）政府间转移支付通过补充地方政府财力进而影响地方公共债务的增长速度，尤其是一般性转移支付对地方公共债务增速的抑制效应更加明显，而专项转移支付由于指定资金用途、采用申请方式等，"公共池"和预算软约束等问题更加突出，因而不能有效抑制地方公共债务增长；（5）异质性分析表明，在北京市不同功能区内，地方公共债务的影响因素表现出明显的区域差异。

第六，国外地方公共债务管理经验借鉴。防范化解地方公共债务风险是世界各国共同关注的重要话题。在梳理相关文献的基础上，我们重点研究日本夕张市的财政重建、意大利的行政控制型地方公共债务管理模式以及美国底特律市政府破产事件等，从国际经验出发，为北京市公共债务风险防范与化解提供借鉴。通过研究发现：首先，地方政府丧失偿债能力是造成公共债务危机的直接原因，而严重的财政收支矛盾则是偿债能力下降的重要表现；其次，经济结构不协调是发生公共债务危机的深层原因；最后，外部重大冲击会加剧公共债务风险。

第七，北京市公共债务管理和风险防范的政策建议。结合以上理论研究、实证分析以及国际经验借鉴等，本书提出了有助于有效管控北京市公共债务规模和风险的政策建议，包括短期措施和中长期布局规划等，建议分阶段、有针对性地建立健全北京市公共债务风险防控体系。

本书的研究成果为笔者承担的国家社会科学基金重大项目（18ZDA097）提供了重要的案例支撑。以北京市为例，基于科学的统计分析，提炼地方公共债务的新特征，进而分析地方公共债务的形成机制，可以对地方公共债务规模和风险进行有效监管和防范。

作者

2020年2月20日于北京

目录
CONTENT

第一章　绪论 ··· 1

　　第一节　研究背景及意义 ··································· 3
　　第二节　文献综述 ·· 6
　　第三节　研究方法 ·· 15
　　第四节　研究思路与内容 ··································· 16
　　第五节　研究创新点 ··· 18

第二章　概念界定与基础事实 ································· 19

　　第一节　地方公共债务的核心概念界定 ················ 21
　　第二节　我国地方公共债务的基础事实 ················ 30

第三章　北京市公共债务的理论分析与制度环境研究 ··· 47

　　第一节　北京市公共债务形成机制的理论分析 ······ 49
　　第二节　北京市公共债务的制度环境研究 ············ 52

第四章　测算方法与现状分析 ································· 61

　　第一节　北京市公共债务统计口径 ····················· 63
　　第二节　北京市公共债务整体情况 ····················· 65

第三节	政府债券	70
第四节	融资平台的存量金融债务	76
第五节	城投债	83
第六节	北京市连带隐性债务	88
第七节	北京市公共债务特征	92

第五章 北京市公共债务的形成机制分析——基于财政压力视角 95

第一节	基于财政压力的理论假说	97
第二节	变量与数据说明	100
第三节	计量模型设定	103
第四节	实证结果及稳健性检验	105
第五节	实证结果的异质性分析	112
第六节	本章小结	115

第六章 北京市公共债务形成机制的拓展分析 117

第一节	发展压力	119
第二节	金融成熟度	127
第三节	京津冀协同发展战略的推进	131
第四节	政府间转移支付	136
第五节	公共债务形成机制的综合分析	141
第六节	本章小结	146

第七章 国外地方公共债务管理经验借鉴 149

第一节	日本夕张市的财政重建	151

第二节　意大利地方公共债务管理经验 ·················· 158
　　第三节　美国底特律市破产事件 ······················ 166
　　第四节　对我国地方公共债务管理的启示 ·················· 169

第八章　北京市公共债务风险管理的政策建议 ·················· **171**

　　第一节　加强北京市公共债务管理的短期措施（一年内） ········ 173
　　第二节　加强北京市公共债务管理的中期措施（一至三年） ······ 176
　　第三节　加强北京市公共债务管理的长期措施（三年以上） ······ 178

参考文献 ·· 180
后记 ·· 189

第一章
绪论

本章首先介绍研究北京市公共债务的现实背景和意义;其次,梳理地方公共债务的相关文献并进行相应的评述;再次,依次介绍本书的研究方法、思路和内容;最后,对本书研究的创新点进行说明。

第一章 绪论

第一节 研究背景及意义

一、研究背景

1994年分税制改革以来，北京市公共债务规模不断增长。尤其是2008年之后，面对国际金融危机和经济转型等挑战，北京市政府"稳增长"的压力增大，在积极的财政政策和适度宽松的货币政策出台后，包括北京市在内的各级地方政府出现了公共债务增长的新态势（吕健，2014）。根据北京市财政局公布的预决算报告，北京市2016~2018年政府债务限额分别为7211.4亿元、7736.4亿元和8302.4亿元，年平均增长率7.3%；政府债务余额分别为3743.46亿元、3875.59亿元和4248.89亿元，年平均增长率6.6%。此外，在2015年之前，由于当时的《中华人民共和国预算法》和《中华人民共和国担保法》堵住了地方政府发债的"正门"，迫使北京市政府不得不通过设立地方融资平台等方式筹集资金。这导致北京市公共债务全口径的识别和统计较为困难。

究竟是哪些因素导致北京市公共债务规模持续扩张？既有研究主要从财政分权和预算约束（贾康和白景明，2002；马海涛和吕强，2004；杨志勇，2009；周学东等，2014）、体制机制（杨十二和李尚蒲，2013）和地方公共债务管理（杨灿明和鲁元平，2013；肖鹏等，2015；王芳等，2017；刁伟涛等，2017）等方面提供了不同解释。但已有文献对某一具体省份的研究相对较少。北京市在城市定位和职能范围等方面明显不同于其他省份，它是我国首都，是全国政治中心、文化中心和国际交往中心，是世界著名古都和现代化国际城市，具有极其重要的政治与经济地位。这可能导致北京市政府举债的动力和机制与其他省份存在差异，我们有必要对北京市公共债务的形成机制进行系统研究。

地方公共债务[①]规模的不断扩大，对一个国家或一个地区的经济社会发展带来了怎样的影响？国内外学者对上述问题并未达成一致意见。有些学者认为，地方公共债务会在资本市场上与私人部门融资形成竞争，挤出私人投资，不利于经济增长（Elemendorf 和 Mankiw，1999；Cochrane，2011）。有一些学者则认为，地方政府可利用发债所筹集的资金完善基础设施建设，促进经济发展（Siddiqui 和 Malik，2001；Panizza 和 Prosbitero，2014），提升人民的幸福感（Ng，2008；Ram，2009）。另一些学者则认为，地方公共债务对经济增长产生何种效应具体取决于债务的资金投向、债务资金使用效率以及公共债务承受能力等多种因素，因此地方公共债务对经济增长的影响是不确定的。

根据毛捷和黄春元（2018）的研究，北京市作为我国东部城市，债务耐受度相对较高，北京市的经济发展受到地方公共债务扩张的负面影响相对较小。然而，在实际操作中，北京市仍然存在着各种隐性债务，极易引发债务违约风险或其他金融性风险，甚至可能由于其特殊的政治经济地位造成全国性乃至世界性影响。因此，有必要对北京市公共债务规模进行准确测量并分析其形成机制，从而有针对性地防范、化解北京市的公共债务风险。

二、研究意义

本书以北京市公共债务作为研究对象，基于科学的统计方法测算债务规模，进而从理论和实证两方面系统分析北京市公共债务的形成机制，并提出能够有效控制北京市公共债务风险的政策建议。本书的研究价值主要体现在以下两方面。

[①] 所谓地方公共债务，包括纳入预算的地方政府债务（一般债务和专项债务等）和未纳入预算的地方政府隐性债务（毛捷和徐军伟，2019）。

1. 有助于实现防范化解重大风险的目标

党的十九大和中央经济工作会议将防范化解重大风险摆在决胜全面建成小康社会"三大攻坚战"之首,而北京市有效控制公共债务过快增长是化解重大风险的内在要求。这主要是因为北京市公共债务不但规模持续扩大,债务形式也更加多样化、隐性化,债务规模测量难度大;同时,北京市公共债务涉及多个主体,如政府部门、金融机构、社会资本合作方等,一旦发生债务违约或其他风险,极有可能带来经济社会发展的波动,甚至造成严重的政治影响。通过对北京市公共债务的深层次分析,全面掌握北京市公共债务的规模以及形成机制,有助于从源头上有效防范和化解北京市公共债务风险,为全面建成小康社会保驾护航。

2. 有利于补充完善地方公共债务的现有研究

虽然已有文献对地方公共债务的统计、内涵和特征等进行了深入研究,并取得了重要成果,但它们更侧重对全国范围的地方公共债务进行分析,较少着眼于对具体省份的深入研究,其研究结论仅是全国平均情况的反映,不能直接用于指导各地公共债务管理和风险防控等具体工作。本书重点研究北京市公共债务,并结合时代特征,为当前深化地方公共债务的相关研究提供了新的思路和方法。

第二节 文献综述

地方公共债务日益受到社会各界关注。已有文献对中国地方公共债务问题进行了多角度的深入探讨，本节对国内外关于地方公共债务的统计口径、形成机制以及经济社会效应等研究成果进行梳理。

一、地方公共债务的统计口径

目前我国地方公共债务的统计口径复杂且不统一。首先，政府各主管部门对地方公共债务的统计测算方法不尽相同。在相关文件（国务院印发《关于加强地方政府性债务管理的意见》国发〔2014〕43号）出台之前，原银监会主要依据与政府有关的融资平台债务来统计地方公共债务，相比于财政部门的统计口径，其统计口径较宽（史宗瀚，2010）。相关文件（国务院印发《关于加强地方政府性债务管理的意见》国发〔2014〕43号）出台后，国务院将地方公共债务统一界定为地方政府债券（包括一般债券和专项债券）以及经清理甄别认定的存量债务，但2015年下半年以来借助非标准业务等方式快速增加的隐性债务不包含其中。其次，学术界与政府部门关于地方公共债务的统计口径也存在差别。学术界根据普遍接受的财政风险矩阵（Polackova，1998），将地方公共债务具体分为显性直接债务、显性或有债务、隐性直接债务和隐性或有债务四种类型（刘尚希，2000）。国家审计署使用的地方公共债务统计口径与上述财政风险矩阵内容大体相同（刘尚希等，2012），不同之处在于国家审计署公布的隐性债务主要是融资平台债务，而学术界所言的地方公共债务有些还包括社保资金缺口等其他隐性债务。

二、地方公共债务的形成机制

关于地方公共债务快速增长的原因，已有文献主要形成以下三种观点。

第一，财政收支矛盾是促使地方公共债务规模不断扩张的重要原因（贾康等，2010；刘尚希等，2012；周学东，2014；姜子叶和胡育蓉，2016；王永钦等，2016），而影响地方政府财政收支的因素包括如下四个。

（1）财政体制和预算软约束。曹信邦等（2005）提出，现行分税制的实施使得我国地方政府的责、权、利不统一，使得地方财力普遍不足，收支矛盾尖锐。王叙果等（2012）指出，政府的"经济参与人"和"政治参与人"的双重角色以及我国银行业普遍存在的软预算约束是地方政府融资平台过度负债的重要原因。郭玉清等（2016）指出，在卸责心理驱使下，地方政府寄希望于通过"公共池"分享举债成本和谋求事后救助。

（2）转移支付制度。钟辉勇和陆铭（2015）研究发现，专项转移支付能够显著刺激城投债的发行，一般性转移支付并无显著影响。缪小林和伏润民（2015）提出，上级补助越多，支出独立性越弱，对债务的依赖性越小。黄春元和毛捷（2015）使用政府间转移支付作为地方政府财政盈亏的工具变量，研究指出基层政府财政困难导致地方公共债务规模快速膨胀的传统观点有待商榷。

（3）土地财政。地方政府举债和偿债均高度依赖土地出让收入，这使土地财政风险与地方公共债务风险交织在一起，增加了控制地方公共债务风险的难度（何杨和满燕云，2012；张平，2013）。

（4）养老保险资金缺口显性化将会在一定程度上增加地方公共债务压力（刘尚希等，2012）。

第二，恢复和促进经济发展的各种体制或制度安排是促进地方公共债务快速增长的动因（Islam 和 Hasan，2007；杨十二和李尚蒲，2013）。

（1）晋升激励。我国建立了以GDP（国内生产总值）为核心的官员考核机制，蒲丹琳和王善平（2014）研究发现，地方政府官员激励强度越大，地方政府官员就越有动力融资，地方政府融资平台债务增长速度越快。贾俊雪等（2017）对多维度晋升激励进行研究，发现增长绩效晋升激励对地方举债规模具有扩张影响，财政可持续晋升激励可以遏制地方公共债务规模膨胀，而民生性公共服务晋升激励的影响不明显。同时，晋升竞赛引起地区经济竞争，地方政府为追求"高"而"快"的经济增长，地方财政行为将选择财政支出规模代替财政资金配置效率，因此由财政低效率引发的地方公共债务膨胀成为必然（缪小林和史倩茹，2016）。

（2）金融业发展水平。良好的金融生态环境能够降低融资成本，提高融资成功率，为地方政府借债创造有利的市场条件（潘俊等，2015）。此外，我国以国有金融资本为主的金融体系在很大程度上受政府管控，这使财政风险金融化具有一定必然性（王晓曦，2010）。

第三，由于缺乏严格的债务举借审批、使用监管和偿还约束等规范制度，政府无法控制地方公共债务规模盲目扩张（Hackbart和Leigland，1990；杨灿明和鲁元平，2013；肖鹏等，2015；王芳等，2017；刁伟涛，2017）。比如，Hackbart和Leigland（1990）指出，1977~1987年美国州级债务余额从870亿美元快速增长到2640亿美元，主要是因为缺乏严格的地方公共债务发行和偿还方面的管理制度和政策。还有一些学者对地方公共债务的影响因素提出了不同观点。常晨和陆铭（2017）提出，中国大规模超标低效的新城建设提高了地方政府负债率，而新城密度更高有利于降低地方政府负债率，新城离主城区更近也会逐年降低地方政府负债率。吕健（2014）认为，影子银行（即游离于传统银行体系之外的信用中介组织和信用中介业务）的发展有力地推动了地方公共债务增长，并且这种推动作用存在明显地区差异性。

三、地方公共债务的经济效应

理论上,地方公共债务与经济增长之间的关系主要有以下三种解释。

第一种观点受凯恩斯主义影响,认为地方公共债务能够促进经济增长。地方政府通过举债的方式筹资,加大对基础设施的投资,从而拉动经济增长。而在经济衰退时期,地方政府举债、扩大财政支出、刺激总需求,有助于促进经济复苏(Siddiqui 和 Malik,2001;Panizza 和 Prosbitero,2014)。

第二种观点坚持古典经济学传统,认为地方公共债务对经济发展产生负面影响。公共债务凭借其自身优势,挤出了私人资本;此外,公共债务的持续性扩张可能在将来产生更高的税率和通货膨胀率,导致私人储蓄下降,不利于积累资本和发展经济(Elemendorf 和 Mankiw,1999;Cochrane,2011;Kumar 和 Woo,2015)。

第三种观点认为地方公共债务对经济增长的影响不确定。地方公共债务对经济的影响受到多种因素影响,如债务资金用途、债务资金使用效率以及地方政府对债务的承受能力等。如果债务水平处于合理范围内,地方公共债务主要起到弥补财力不足、完善基础设施等作用,将促进经济增长;而一旦地方政府过度借债,导致挤出私人资本、债务资金使用效率低下等问题,将阻碍经济的进一步发展(Checherita 等,2012;白重恩和张琼,2014;毛捷和黄春元,2018)。

值得注意的是,为了科学理解地方公共债务与经济增长的关系,学术界有必要对公共债务的制度激励或作用机制等方面进行更为细致的考察,厘清地方公共债务影响经济增长的内在机理。对此,已有文献提供了多维度分析视角。

第一,公共债务资金直接增大公共支出规模,而且债务的筹集和使用与财政分权所提供的竞争激励密切相关(李涛和周业安,2008),因此政府支出规模与结构上的特征有助于理解地方公共债务与经济增长之间的关联。Barro（1990）的早期研究发现政府消费性公共支出的增加会导致经济增长率下降，而生产性公共支出增加有利于经济增长。沿着这一思路，付文林和沈坤荣（2006）发现政府经济建设性支出能促进经济增长，而维持性支出不利于经济增长；将财政分权激励引发的地方政府间策略性互动引入分析后，李涛和周业安（2008）发现行政管理费与基本建设支出都不利于经济增长，周边地区的总体财政支出或科教文卫支出的规模增加能显著促进本地区经济增长。程宇丹和龚六堂（2015）在一个引入了财政分权框架的内生增长模型中发现，当地方政府征收非扭曲性税收时，地方公共债务对经济增长的影响是中性的，而当征收扭曲性税收时，地方公共债务增长将损害经济增长。

第二，公共债务引致的公共投资及其"挤出效应"也是联系地方公共债务与经济增长的重要路径。Arrow和Kurz（1970）将公共资本划分为生产型和效用型两类，利用新古典增长模型研究了公共投资对经济增长的长期影响，发现公共资本可以促进经济长期增长。Aschauer（1989）针对美国公共投资状况的研究表明，公共支出对产出的弹性为0.39。在公共投资与私人投资关系方面，有学者提出，在封闭经济体中政府投资将提高全要素生产率，政府投资的效益在长期内将从私人资本边际收益的提高中体现出来，从而增加私人投资；但对于政府投资规模过大的国家来说，投资收益将无法弥补融资成本（Aschauer，1989；Eden和Kraay，2014）。遗憾的是，后续相关实证研究并未形成一致结论。利用外生冲击衡量政府投资变化，实证研究（Barro和Grossman，1971；Aschauer，1989；Munnell和Alicia，1990）发现：政府投资在短期内对发达经济体的经济增长产生促进效应；而在发展中国家，两者的关系可能是负相关；不过基础设施建设投资更可能具有引致私人投资的作用，并对经济增长产生正面影响。而当存在信用约束和劳动力供给约束等不利因素时，政府融资和支出扩张都会通过再分配和竞争等渠道影响经济环境。在宏观层面上，公共债务发行可能造成通货膨胀，推高私人部门融资成本和企业融资杠杆率，挤出私人部门投资和消费（Friedman，1970；Elemendorf 和 Mankiw，1999）；在微观层面上，公共债务与企业债务共同追逐投资者资金，通过投资者资产组合优化调整推高了企业债务利率，最终挤出私人部门投资（Friedman，1970）。相似地，使用中国数据分析公共投资对私人投资的影响，结论也不尽相同。陈浪南和杨子晖（2007）认为，中国政府的公共投资提高了私人资本边际产出，"挤入"了私人投资，民生领域（文教等）公共支出则对私人投资有负面影响；唐东波（2015）认为，中国基础设施投资对私人投资具有较强的"挤入"效应，并且市场环境的改善和开放水平的提升可以强化这种正向作用；郭杰和郭琦（2015）利用带有金融中介部门的 RBC 模型，通过数值模拟发现政府通过政策手段刺激国有部门投资需求将使得金融中介改变对该部门的利率水平，从而扩大对其资本供给，并且这种利率波动将传导至民营部门，降低其投资水平。

第三，技术进步也有潜力成为解释地方公共债务与经济增长之间关系的一条路径。程宇丹和龚六堂（2014）在新古典增长框架下，发现公共债务对全要素生产率增长的影响呈倒"U"形，而且发达国家的公共债务对全要素生产率的影响不显著，发展中国家的公共债务增加则显著降低全要素生产率的增长。Wu 等（2018）使用中国省级数据进行实证研究，发现地方公共债务会导致资源错配从而降低全要素生产率，忽视地方公共债务会夸大地方经济发展水平。

四、地方公共债务的社会效应

下文将从环境保护、官员腐败和居民幸福感三方面梳理地方公共债务社会影响的相关研究成果。

1. 环境保护与地方公共债务

第一，政府间竞争是影响地区环境的重要因素。地方政府一般通过税收优惠、社会福利等手段吸引各要素流入，以增强本地区的经济竞争实力。在这一制度背景下，地方政府具有严重的支出结构偏向，包括环保在内的公共服务相对缺失（马光荣和杨恩艳，2010）。同时，地方政府也会选择放松环境规制吸引资本流入，"以环境换增长"，使地区环境问题日益严重。第二，债务资金深刻影响区域经济增长，通过增长的规模效应、结构效应与基数效应作用于环境质量（Grossman 和 Krueger，1991），最终形成复杂的传导机制（周力和应瑞瑶，2009）。

2. 官员腐败与地方公共债务

学术界普遍认同腐败对经济的不利影响。Mo（2001）指出，腐败能够导致政治不稳定、人力资本水平下降等问题，进而严重阻碍经济发展；Swaleheen（2011）具体研究腐败对人均收入增长率的影响，最终也得出腐败对经济发展具有负面影响的结论。国内已有研究（周黎安，2014；刘勇政和冯海波，2011）指出，改革开放以来，"行政发包制"是我国中央与地方政府之间管理模式的重要特征，在横向"财力竞争"和纵向"晋升竞标赛"的双重激励作用下，地方政府官员倾向于干预辖区经济事务，在此过程中极易产生腐败行为。

关于地方公共债务是否滋生腐败，目前存在分歧。有些学者认为（Kim 和 Kim，2015；Liu 等，2017），官员腐败与地方公共债务呈现显著负向相关关系；张曾莲等（2018）也发现腐败案件随地方公共债务的增长而减少。然而，赵云旗（2011）认为，地方公共债务的扩张使得政绩工程增多，加大了招商引资的竞争，从而导致反腐败工作的难度增大。

3. 居民幸福感与地方公共债务

地方公共债务主要通过财政支出和城镇化两种途径影响居民幸福感。

第一，地方公共债务引起财政支出规模与结构改变，进而影响居民幸福感。财政支出是对公共资源的再分配，将竞争积累的私人消费转移到人人均可享受到的公共服务领域，降低了攀比带来的幸福感缺失，提高了居民自由消费的能力，进而提升居民幸福感（Ng，2008）。关于财政支出的结构是如何影响居民幸福感的，胡洪曙和鲁元平（2012）提出，在医疗、教育和社会保障等方面的公共支出比例的提高能够明显提升居民幸福感。同时，一些学者提出，政府间财政关系能够同时影响财政支出、公共债务以及居民幸福感。具体来说，Bjornskov（2008）提出，财政分权越充分，越能明显提升居民幸福感。然而，Prud（1995）研究发现，利益集团的操控、政府官员执政水平有限等因素严重扭曲财政支出用途，关系人民幸福感的公共服务难以得到满足。从我国情况来看，由于地方政府的财政支出具有重生产、轻服务的典型特征（傅勇和张晏，2007；尹恒和杨龙见，2014），因此财政分权反而会对我国居民幸福感产生不利影响。由此可见，地方公共债务通过财政支出对居民幸福感的影响有待进一步分析。

第二，地方公共债务的资金投入能够提高城镇化水平，完善城镇基础设施，从而提高居民幸福感。樊娜娜（2017）研究发现，居民幸福感与城镇化之间呈现倒"U"形关系，公共服务和城镇化的协调发展能够明显提升居民幸福感；蒋丽等（2017）发现，提高城镇化能够提高居民的社会公正认知，进而提升居民幸福感；基础设施不断完善为经济发展提供坚实的物质基础，从而提高人均收入水平（刘生龙和周绍杰，2011；郑丹和Kuroda，2017），这也有助于提升居民幸福感。

五、文献评述

国内外学者对地方公共债务的统计口径、形成机制以及经济社会影响等方面进行了有益探索，积累了丰富研究成果。但我们也发现，该领域的研究仍存在以下不足，有待深化提升。

1. 地方公共债务研究的时代性有待突出

虽然现有文献对地方公共债务的成因、经济社会影响以及风险管理等多方面进行了理论与实证分析，随着经济发展，地方公共债务及其风险可能呈现新特征，如地方公共债务与地方政府信用紧密相关、地方公共债务涉及的委托—代理关系更加复杂等，而这方面的相关研究较为缺乏。

2. 地方公共债务的省域研究有待补充

现有文献更侧重于从全国总体上对地方公共债务进行研究，很少涉及具体省份的债务情况。因此，有必要利用更加细致的数据，深入分析北京市等重点区域的地方公共债务，为当前地方公共债务的相关研究补充完善省域案例。

3. 地方公共债务研究的系统性有待加强

现有文献大多侧重对地方公共债务的某一方面进行研究，没有全面分析地方公共债务与我国财税体制、经济发展水平、官员晋升机制以及债务管理制度等因素的关系。这可能导致某一特定因素发挥的作用被过分夸大，偏离现实情况。

第三节 研究方法

首先,本书采用比较研究法,分析北京市公共债务总体规模以及债务特征。比较研究法在社会科学研究的众多领域都是有效的研究方法。北京市公共债务总体规模和债务特征与财政体制和经济发展水平等有着密切关系:纵向看,债务规模和特征随着经济社会发展会动态演变;横向看,各省地方公共债务的形成机制和管理机制既有共同特点,也存在明显差异。本书将对此进行深入的纵向和横向的比较研究,观察北京市公共债务具有的共性和特殊性,并剖析其原因。

其次,借助政治经济学理论开展研究。政治经济学采用经济学的方法研究社会和个人关系、政治和经济关系、政府和市场关系等,包括公共选择理论、公共产品和外部性理论、政治家和官员理论等,是非常得力的研究方法。研究北京市公共债务形成机制以及债务风险化解等问题不仅需要考虑其中的经济因素,还要兼顾政治(中央与地方关系)、法律(政府预算)以及社会事务管理(地方公共债务的社会效应)等因素,使用此类方法开展研究有助于加深对北京市公共债务问题的认识和理解。

最后,在实证研究中,运用多种计量经济学研究方法进行检验。本书使用北京区县的数据,使用普通最小二乘法(OLS)、双重差分法(DID)以及事件研究(Event Study)等计量方法,实证检验北京市公共债务形成机制,为理论分析和政策建议提供可靠的经验证据。

第四节 研究思路与内容

一、总体思路

本书按以下思路开展研究：厘清地方公共债务的核心概念和重要事实，对北京市公共债务规模进行系统测算，以此为基础，运用经济学相关理论合理解释北京市公共债务规模增长的原因，并通过实证研究为之提供经验证据，进而提出有助于精准防范、化解北京市公共债务风险的政策建议。

二、研究内容

依据总体思路，本书各章节的主要内容安排如下。

第一章为绪论：首先，介绍本书的研究背景和意义；其次，对地方公共债务的相关文献进行梳理，包括地方公共债务的统计口径、地方公共债务的形成机制、地方公共债务的经济和社会效应等，并进行文献评述；最后，介绍本书使用的研究方法、主要研究思路，同时对本书创新点进行说明。

第二章是概念界定与基础事实：结合已有文献和调研资料，重点研究公共债务的不同概念与统计口径；在此基础上，借助若干典型案例，重点阐述当前我国地方公共债务存在的重要事实。

第三章是北京市公共债务的理论分析与制度环境研究。首先，本章依据公共产品理论、代际公平理论以及委托代理理论，对北京市公共债务的形成原因进行理论分析；其次，从财政分权制度、官员晋升制度、土地财政制度、债务管理制度以及其他经济因素的影响等多方面展开对北京市公共债务形成原因的制度环境研究。

第四章是北京市公共债务的测算方法与现状分析。首先，本章明确公共债务统计口径，即北京市公共债务主要由政府债券、融资平台存量金融债务以及北京市连带隐性债务三部分组成，介绍北京市公共债务的整体情况；其次，依次介绍北京市公共债务各组成部分的规模、期限结构等内容；最后，得出北京市公共债务的主要特征。

第五章基于财政压力视角对北京市公共债务的形成机制进行分析。本章聚焦于财政分权等原因造成的财政压力对地方公共债务的影响。本书以2008年企业所得税改革作为地方政府财政压力变化的准自然实验，采用双重差分法（DID）检验财政压力对北京市公共债务的影响。

第六章是北京市公共债务形成机制的拓展分析。通过对公共债务的相关理论、债务现状以及形成体制的分析发现，北京市公共债务的形成因素是多方面的。上一章分析了财政压力的债务效应，本章则重点研究发展压力、金融成熟度、京津冀地理位置以及政府间转移支付等因素对北京市公共债务规模的影响。

第七章是国外地方公共债务管理经验借鉴。具体包括日本夕张市的财政重建、意大利地方公共债务管理经验和美国底特律政府破产事件，并具体分析以上三个案例对北京市防控和化解地方公共债务风险的启示。

第八章是北京市公共债务管理的政策建议。根据国外经典案例以及对北京市公共债务的系统分析，分别提出加强北京市公共债务管理的短期、中期和长期举措，建议分阶段地、有针对性地建立健全北京市公共债务风险防控体系。

第五节　研究创新点

一、研究对象上的创新

不同于已有文献大多研究全国范围内的地方公共债务问题，本书研究对象是北京市公共债务。首先，关于具体省份的地方公共债务深入研究相对较少，本书有利于补充和完善地方公共债务现有研究；其次，以地方公共债务的规模测算、主要特征和形成机制等作为研究切入点，有利于更好地把握研究方向，避免研究内容"假大空"或"一刀切"等问题；最后，由于特殊的经济政治地位，北京市公共债务的监督和管理体制不断完善能够为其他省份起到良好的示范作用，从而带动全国地方公共债务管理水平的提高。

二、地方公共债务统计口径的创新

本书在测算北京市公共债务规模时采用宽口径，包括政府债券（代发代还债券+自发自还债券）和融资平台的存量金融债务，同时根据北京市独特的经济地位和金融职能，创新性提出北京市存在"连带隐性债务"，并进行相应的案例分析。从多维度测算北京市公共债务的规模，明确目前北京市地方公共债务风险情况，进而提出能够有效防范和化解地方公共债务风险的政策建议。

三、基础数据和实证设计上的创新

本书使用北京市区县级数据，以2008年企业所得税改革作为财政压力的外生冲击，实证检验财政压力影响北京市公共债务的作用机制。同时，基于北京市金融业总体发展水平高以及实行京津冀协同发展战略等，实证检验金融成熟度、某区县与天津市或河北省是否相邻等因素对北京市公共债务规模的影响。

第二章
概念界定与基础事实

结合已有文献和实地调研,本章对我国地方公共债务的核心概念进行系统界定,以此为基础,借助若干典型案例,重点阐述当前我国地方公共债务存在的七个方面的重要事实。这些事实包括地方公共债务与土地等国有资产的紧密捆绑、地方政府举债过程中的政府信用金融化、地方公共债务融资来源和资金投向等呈现区域异质性、地方公共债务具有多重资源配置作用(金融整合、基建分工和产业布局)、相关政策实施中遭遇道德风险、地方政府举债冲动与举债恐慌并存、地方政府举债的市场约束逐步增强等。上述发现为学术界开展对地方公共债务问题的深入研究提供了现实基础。①

---

① 本章部分内容来自笔者前期研究成果,详见毛捷、徐军伟,"中国地方政府债务问题研究的现实基础——制度变迁、统计方法与重要事实",《财政研究》2019年第1期。

第一节 地方公共债务的核心概念界定

清晰的概念界定是研究地方公共债务问题的重要前提。缺乏严谨的概念界定，将严重阻碍对地方公共债务开展深入、系统的学术研究和政策分析。参考现有政策文件和相关文献，以及笔者与相关政府部门、融资平台公司和金融机构深入交流掌握的信息资料，本章对有关地方公共债务的各类定义进行梳理和比对，具体见表2-1。

一、地方债

该口径分狭义和广义两类。狭义的地方债指地方政府发行的债券，具体指2009~2014年中央政府代发代还的地方政府债券（其间有试点自发代还和自发自还）以及2015年以来地方自发自还的政府债券。广义的地方债有以下四种情况。

第一，2014年年底经甄别后的存量债务中，地方政府负有偿还责任的债务（含2009~2014年中央代发代还的债券）。

第二，在第一种情况的基础上加上2014年年底经甄别后的存量债务中地方政府担保及负有救助责任的债务。

第三，在第二种情况上加上隐性债务。

第四，在第三种情况上加上社保资金缺口和应对公共风险的支出等。

学术界和实务部门在描述现实或阐述问题时，经常使用该口径，但对其狭义还是广义往往不加区分，容易造成概念上的混淆。

二、地方（政府）债券

地方（政府）债券具体指2009~2014年中央政府代发代还的债券（其

表2-1 地方公共债务概念界定一览

常见名词	狭义概念			广义概念		
	具体内容	债务主体	债务规模（亿元，2013年6月）	具体内容	债务主体	债务规模（亿元，2013年6月）
地方债	地方政府发行的债券，具体指2009~2014年中央政府代发代还的债券（其间有试点自发代还和自发自还）和2015年以来自发自还的债券	地方政府	6146.28	a. 2014年年底经甄别后的存量债务中，地方政府负有偿还责任的债务（含2009~2014年中央代发代还的债券）；b. a+2014年及以后地方政府自发自还的债券；c. b+2015年底经甄别后存量债务中地方政府负有担保责任的债务、d. c+隐性债务；d. c+社保缺口+应对公共风险的支出等	地方政府及其下属融资平台公司、事业单位	a. 108859.17 b. 178908.66
地方（政府）债券	地方政府发行的债券，具体指2009~2014年中央代发代还的债券（其间有试点自发代还和自发自还）和2015年以来自发自还的债券	地方政府	6146.28	无	无	

续表

常见名词	狭义概念			广义概念		
	具体内容	债务主体	债务规模（亿元，2013年6月）	具体内容	债务主体	债务规模（亿元，2013年6月）
地方（政府）债务	2014年年底经甄别后的存量债务中，地方政府负有偿还责任的债务；2015年及以后地方政府自发自还的债务	2014年年底甄别后明确的地方政府，融资平台公司；2015年及以后为地方政府	108859.17	a. 狭义概念＋2014年年底经甄别中地方负有救助责任的债务；b. a＋隐形债务；c. b＋社保缺口＋应对公共风险支出等	地方政府及其下属融资平台公司、事业单位	a. 178908.66
地方政府性债务	2014年年底经甄别后的地方政府存量债务，2015年及地方政府自发自还的债务	2014年年底甄别后明确的地方政府、事业单位、融资平台公司；2015年及以后为地方政府	178908.66	无	无	
城投债	资质较好（即符合标准化业务条件）的融资平台公司的标准化债务，包括：企业债、银行间债务融资工具［中期票据、短融、资产支持票据、非公开定向债务融资工具（PPN）］、公司债、私募债、资产证券化等	资质较好的融资平台公司（Wind口径，截至2017年年底共有1888家发债）	10900.17	无	无	

续表

常见名词	狭义概念			广义概念		
	具体内容	债务主体	债务规模（亿元，2013年6月）	具体内容	债务主体	债务规模（亿元，2013年6月）
融资平台公司债务	融资平台公司的标准化债务和非标准化债务	融资平台公司（截至2017年年底，银监会名单有11568家）	69704.42	无	无	无
显性债务	2014年年底经甄别后的地方政府存量债务，2015年及以后地方政府自发自还的债务	2014年年底甄别后明确的地方政府、事业单位；2015年及以后为地方政府	178908.66	无	无	无
隐性债务	2014年年底经甄别后未纳入地方政府债务，但仍有可能由地方政府负有偿还责任或救助责任的债务；2015年及以后新成立事业单位、融资平台公司的非市场化债务（违法违规债务）	融资平台公司、事业单位	无	无	无	无

24

续表

常见名词	狭义概念			广义概念		
	具体内容	债务主体	债务规模（亿元，2013年6月）	具体内容	债务主体	债务规模（亿元，2013年6月）
一般债务	2014年年底经甄别后的存量债务中，地方政府负有偿还责任纳入一般公共预算偿还的债务；2015年及以后地方政府自发自还的一般债券	2014年年底甄别后明确的地方融资平台公司；2015年及以后为地方政府	108859.17	无	无	
专项债务	2014年年底经甄别后的存量债务中，地方政府负有偿还责任纳入政府性基金预算偿还的债务；2015年及以后地方政府自发自还的专项债券	2014年年底甄别后明确的地方融资平台公司；2015年及以后为地方政府	70049.49	无	无	

注：为了比对不同口径下债务规模的差别和比对相同口径下狭义和广义的债务规模差别，表中使用国家审计署2013年12月20日发布的《全国政府性债务审计结果》（2013年第32号公告）中有关地方公共债务的数据。

间有试点自发代还和自发自还）以及2015年以来地方自发自还的政府债券（包括一般债券和专项债券）。该口径的含义相对明确，较少与其他口径混淆。

三、地方（政府）债务

该口径与地方债经常混淆使用，也分狭义和广义两类。狭义指2014年年底经甄别后的存量债务中地方政府负有偿还责任的债务，以及2015年及以后地方政府自发自还的债券。广义的地方（政府）债务有以下三种情况。

第一，狭义的地方（政府）债务加上2014年年底经甄别后的存量债务中地方政府担保及负有救助责任的债务。

第二，在第一种情况上加上隐性债务。

第三，在第二种情况上加上社保资金缺口和应对公共风险的支出等。

根据上述界定，从狭义上看，地方债与地方（政府）债务的含义存在差别，但从广义上看，两者存在重合。因此，如果讨论的是广义上的地方公共债务问题，可以混同使用地方债和地方（政府）债务。

四、地方政府性债务

地方政府性债务是指2014年年底经甄别后的地方政府存量债务（即地方政府负有偿还责任、担保责任和可能救助责任的债务），以及2015年及以后地方政府自发自还的债券。该口径经常被误解为包含隐性债务，实则是某种广义上的不含隐性债务的地方债或地方（政府）债务。

五、城投债

城投债是指资质较好（即符合标准化业务条件）的融资平台公司发行的标准化债务，具体包括企业债、银行间债券市场非金融企业债务融资工具

[中期票据、短融、资产支持票据、非公开定向债务融资工具（PPN）等]、公司债、私募债和资产证券化等。由于可获得公开数据（如 Wind 数据库提供的城投债相关数据），该口径在地方公共债务问题的各类研究中使用频率较高。对于这一口径，社会上存在多种错误认识。

第一，将地方（政府）债券与城投债混淆，例如有研究使用城投债的数据去分析地方政府债券发行方式变革（从代发代还改为自发自还）的经济效应。这两类口径完全不同，相适应的法律法规和政策也不同。

第二，将城投债等同于融资平台公司债务，乃至等同于隐性债务。已发行城投债的融资平台公司只是所有融资平台公司的一部分，还有更多的融资平台公司没有发过城投债。而且，城投债只是融资平台公司债务的一种形式，并不是融资平台公司的全部债务。此外，城投债是一种信用债券，并不需要像银行贷款等依赖政府担保或承诺，不是必然会导致地方政府承担偿还、担保或救助责任。因此，就算是 2015 年将地方公共债务与融资平台公司划清界限后，也不能将城投债简单等同于隐性债务。

六、融资平台公司债务

融资平台公司债务包括融资平台公司的标准化债务（城投债）和非标准化债务。其中，非标准化债务包括融资平台公司通过银行贷款、信托贷款、金融（商业）租赁、资产管理计划、信托股权投资（真债假股）、债权性基金、私募投资基金（真债假股）、基于债务逻辑的产业基金和政府与社会资本合作（PPP）等形成的债务。该口径中的非标准化债务举债过程及使用往往不规范，虽然依法不属于政府债务，但已成为影响我国经济社会平稳发展的重大风险隐患，是隐性债务的主要构成。但如果将融资平台公司债务直接等同于隐性债务，也不科学，因为如上所述，其中的标准化债务（城投债）不能简单等同于隐性债务。

七、地方（政府）显性债务

地方（政府）显性债务是指 2014 年年底经甄别后的地方政府存量债务，以及 2015 年及以后地方政府自发自还的债券。该口径主要包含一般债务和专项债务，目前已严格纳入地方财政预算管理，风险隐患较小，正逐步取代融资平台公司债务，成为地方政府举债的主体。

八、地方（政府）隐性债务

地方（政府）隐性债务包括 2014 年年底经甄别后未纳入地方政府存量债务，但仍有可能由地方政府负有偿还责任或救助责任的债务；2015 年及以后新增的地方政府部门、国有企事业单位（包括融资平台公司）违法违规举借债务。当前，该口径债务倍受社会各界关注，被认为是防范化解重大风险的第一线和工作重点。需要注意，虽然隐性债务的融资主体主要是融资平台公司，但隐性债务并非全部来自融资平台公司。因此，希望毕其功于一役——通过管住融资平台公司进而化解全部隐性债务，是不现实的。应对隐性债务，必须多管齐下，包括加强对金融机构参与违法违规举债相关业务的监管与查处等。

九、一般债务

一般债务是指 2014 年年底经甄别后的存量债务中，地方政府负有偿还责任且纳入一般公共预算的债务，以及 2015 年及以后地方政府自发自还的一般债券。

十、专项债务

专项债务是指 2014 年年底经甄别后的存量债务中，地方政府负有偿还责任且纳入政府性基金预算的债务，以及 2015 年及以后地方政府自发自还的专项债券。

总结而言，地方公共债务定义的多样性和统计方法的不拘一格，是为了更科学地研究不同维度下的地方公共债务问题。研究者应准确把握不同概念下地方公共债务的经济含义和相关制度背景，重点把握好地方政府性债务、城投债、融资平台公司债务以及隐性债务等口径的关系和区别。

第二节　我国地方公共债务的基础事实

一、地方公共债务与国有资产紧密捆绑

已有文献关注地方公共债务与土地（主要是城镇建设用地）这一重要国有资产的开发和使用的紧密关联（范剑勇和莫家伟，2014；张莉等，2018）。除了土地，基础设施建设和棚户区改造等也会使地方公共债务与国有资产发生关联。正是与国有资产的紧密捆绑，奠定了融资平台公司的举债能力。地方公共债务与土地等国有资产紧密捆绑的具体表现如下。

一是国有资产增加了融资平台公司的总资产，而资产规模是融资平台公司获取金融授信额度、发债额度等的重要依据。

二是国有资产可为融资平台公司举债提供增信，例如：土地资产可抵押给金融机构，基础设施和棚户区资产可以在建工程或应收政府部门账款的形式抵押、质押给金融机构。

三是国有资产是地方政府与融资平台公司建立资金往来的主要渠道，例如：地方政府委托融资平台开发土地、代建基础设施或改造棚户区，并以综合成本加核定利润等方式回购上述资产，来自政府部门的资金构成融资平台公司重要的还款来源。

在下文中，笔者将分别从土地、基础设施和棚户区三方面，进一步分析地方公共债务与国有资产的内在关联。

1. 地方公共债务与土地资产

2014年之前，地方政府借助融资平台公司举债主要依赖土地资产。根据图2-1所示，一般流程是地方政府先将未开发的土地（又称"生地"）注

入（划拨或出让）到融资平台公司，公司资产规模随之扩大，再以其资产为基础进行举债融资。部分债务资金将用于土地熟化（即"五通一平"或"七通一平"），将生地转化为熟地。地方政府回购熟化的土地，再进行挂牌出让。这其中，债务资金以平台公司为主体，完成了"获取生地资产—债务融资—土地熟化—获取政府土地金返还—获取生地资产"的循环；地方政府以平台公司为手段，完成"生地—熟地—出让收入—生地"的循环。通过上述循环，融资平台公司具备了举债能力，地方政府实现了土地相关收入。

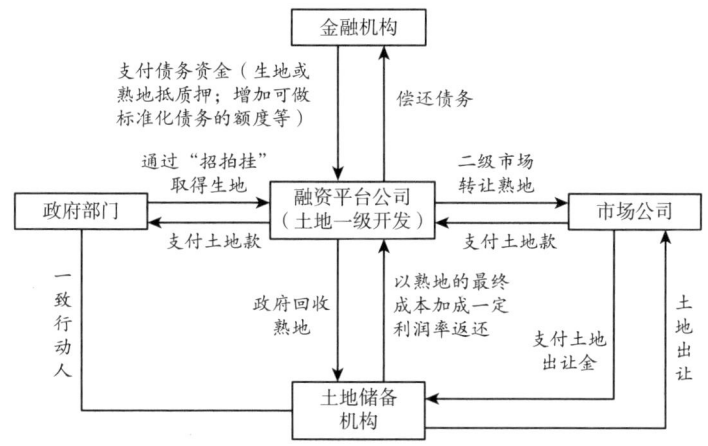

图 2-1　2014 年之前地方公共债务与土地资产的关联示意

资料来源：毛捷、徐军伟，"中国地方政府债务问题研究的现实基础——制度变迁、统计方法与重要事实"，《财政研究》2019 年第 1 期。

2014 年年初，根据《关于制止地方政府违法违规融资行为的通知》（财预〔2012〕463 号文），国家发展和改革委员会对融资平台公司发行企业债券进行"窗口指导"，中国银行间市场交易商协会对融资平台公司发行债务融资工具进行"工作指引"，明确融资平台公司不再具备土地储备的职能，即储备土地资产（生地）不得再计作公司资产。至此，土地资产作为融资平台公司举债砝码的作用大幅削弱,生地仅能为融资平台公司带来金额有限的土地一级开发收入(相关流程如图2-2所示)。

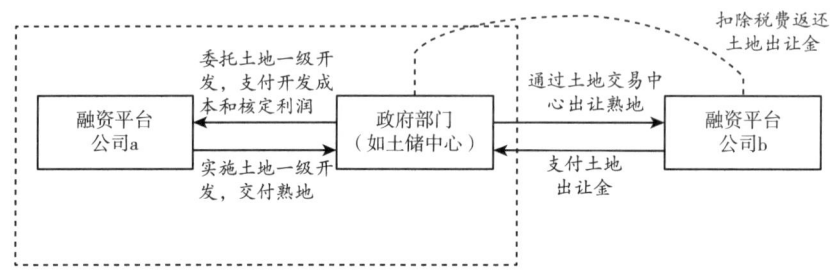

图2-2 2014年以来地方公共债务与土地资产的关联示意

资料来源:毛捷、徐军伟,"中国地方政府债务问题研究的现实基础——制度变迁、统计方法与重要事实",《财政研究》2019年第1期。

举例说明,西部某省份下辖某地级市的高新区管委会出台《××国家高新技术产业开发区土地一级管理暂行办法》,明确由一级开发机构(即融资平台公司A)负责资金筹措、规划办理、项目核准征地拆迁和市政建设等手续并组织实施。招标底价包括储备土地开发的预计总成本、管理费、利润以及地块出让收入中一定比例的增值收益,管理费按预计成本2%计算,利润率按预计成本的8%计算。根据园区土地一级开发需要,公司A与当地土地储备交易中心签订《土地一级开发委托合同》,A公司接受高新区土地储备中心委托,代其从事收储土地的拆迁安置、场地平整等任务。储备土地在整理过程中并未进入债券发行人(即融资平台公司A)的权益,过程合法合规。土地出让收入的分配结构为:公司A总共获得预计成本10%的收入,其中2%为管理费、8%为利润,其余出让收入归属当地土地储备中心。

2. 债务资金与基础设施和棚户区资产的捆绑

地方公共债务与基础设施、棚户区资产的关联形式与2014年之前地方公共债务与土地的关联相似，也是借助相关资产增强融资平台公司的举债能力（相关流程见图2-3和图2-4）。而且，由于地方政府经常将基础设施建设与棚户区改造打包交付融资平台公司代建，这两类资产组合在一起成为融资平台公司举借债务的重要砝码。举例而言，东部某省份下辖某地级市的一家融资平台公司B承建了该市较大规模的棚户区改造项目，该业务具有较强的区域专营性。公司棚户区改造项目建设资金主要来源于自有资金（包括图2-3中的代建款等）和外部融资（包括图2-4中的在建工程或应收账款质押、土地或保障房抵押质押等）。项目立项后，公司B按照政府规定的管理办法对棚改区域进行拆迁，通过土地出让程序获得相应地块，缴纳土地出让金，并办理国有土地使用权证等"五证"。在棚户区改造项目施工过程中，公司B还承担了项目周边配套基础设施的建设。项目主体竣工后，公司根据安置办法对拆迁居民按照原有房屋面积1:1免费回迁，安置后剩余房屋由公司对外进行销售。项目的实施对改善当地居民生活环境、提升城市容貌发挥了积极作用，得到了地方政府在政策优惠、资产划拨和财政补贴等方面的大力支持。正是由于在城镇化进程和改善民生等方面发挥了积极功效，基础设施和棚户区资产与地方公共债务的捆绑日益紧密，成为支撑融资平台公司举债的核心资产。

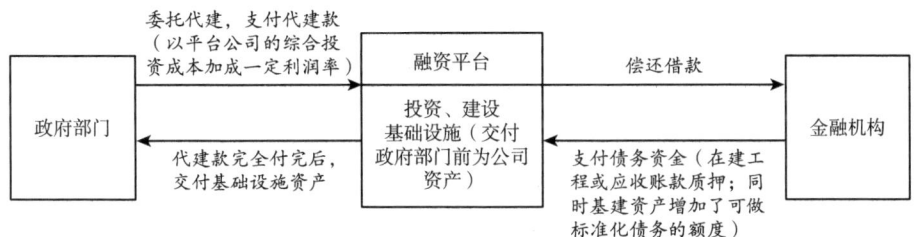

图2-3 地方公共债务与基础设施相关资产的关联示意

资料来源：毛捷、徐军伟，"中国地方政府债务问题研究的现实基础——制度变迁、统计方法与重要事实"，《财政研究》2019年第1期。

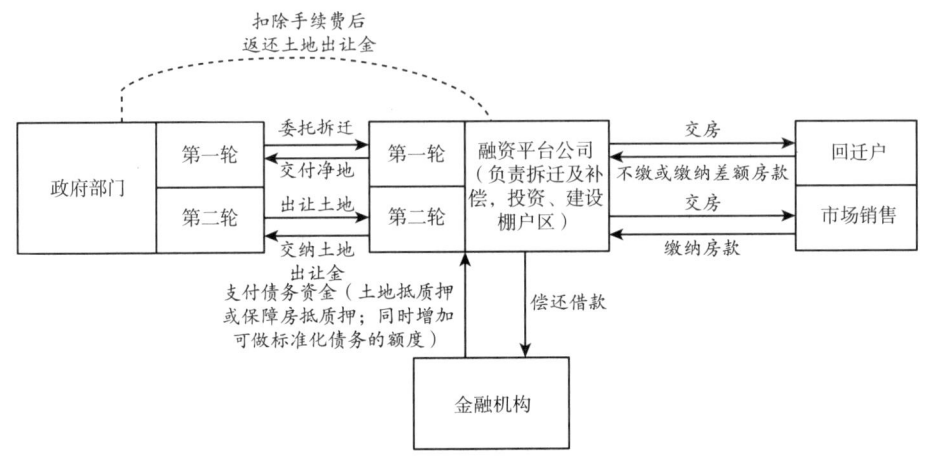

图 2-4　地方公共债务与棚户区相关资产的关联示意

资料来源：毛捷、徐军伟，"中国地方政府债务问题研究的现实基础——制度变迁、统计方法与重要事实"，《财政研究》2019 年第 1 期。

需要注意，以上图示和案例只是体现每类国有资产与地方公共债务的关联方式与作用机制。在实际举债过程中，融资平台公司是以其所属的全部资产为基础、全部收入为现金流保证，根据所选择的金融工具进行相应的还款来源与增信措施设置。

综上所述，由于两者存在紧密的、交织的关联，加强对地方公共债务管理和风险控制，势必要求加强对国有资产（包括土地、基础设施和棚户区等）开发、使用的管理和监督。换言之，加强国有资产经营的绩效管理，有助于规范地方政府举债和对相关风险的监管。

二、地方公共债务与政府信用金融化

地方政府举借债务主要借助于政府信用的金融化。对地方政府信用金融化的理解不应局限于具体融资工具或方法，其本质是要素禀赋的组合使用，体现在地方政府按照金融规则对其掌握的资源禀赋和动能禀赋开展综合利用。

根据表2-2，资源禀赋主要包括经济总量（GDP）、综合财力、建设用地规模、土地价格、房地产市场、区域规划定位和城镇人口规模等；动能禀赋主要包括债务资金偿还的预算安排、政府回购、政府购买服务、财政担保、财政专项返还、财政补贴、财政奖励和政府表态等。资源禀赋和动能禀赋的组合使用是地方政府借助融资平台公司进行债务融资的基础。各类金融机构主要是根据这些组合设定业务门槛、授信额度、利率期限结构和审批效率等。或者说，地方政府举债规模的大小、成本、期限、金融工具的组合选择以及便利程度，均与上述两类禀赋的组合质量有直接关系。其中，动能禀赋充分体现了地方政府为满足金融规则调动财政资源以实现债务融资的主观能动性。

表2-2　　　　　　　　地方政府信用金融化的禀赋内容

	经济总量	综合财力	建设类土地资产规模	土地价格	房地产市场	规划定位	城镇人口
资源禀赋（近三年）	GDP	一般预算收入+政府性基金收入+转移支付收入	工业用地、商业用地比例		房价，每年建设面积、销售面积等	国家级或省级经济新区、高新区或经开区等	规模及人均收入
	预算安排	政府回购	政府购买服务	财政担保	财政专项返还	财政补贴	财政奖励	政府表态
动能禀赋	纳入一般预算或纳入政府性基金预算	约定价格回购或约定利润率回购		直接担保或间接担保（财政所属担保公司、国有企业担保）				人大决议、政府支持函等

例如，西部某省份下辖某地级市的一家以代建道路桥梁等为主要业务的融资平台公司C，2014年6月完成了一笔信托贷款项目，其融资过程充分体现了地方政府信用金融化。公司C的全资子公司C1主要负责该市新区的开

发建设。该市政府授权公司 C1 作为"机场高速公路工程项目"的业主方。而后，公司 C1 又将该项目工程承包给公司 C 进行施工，同时约定该项目的回购义务仍为公司 C1 承担。项目预计总投资约 18 亿元，向信托机构贷款 4.5 亿元，期限为两年。为了顺利完成上述贷款项目，该地政府和公司 C1 实施了以下增信措施。

（1）财政兜底，市财政局向信托公司出具《承诺函》，约定若到期公司 C 未按照相关约定支付标的收益权的回购价款，则由市财政局以财政收入偿还，同时，市政府同意出具关于将该回购款列入市财政预算安排的人大决议；

（2）土地抵押，公司 C1 以其持有的出让性质商住用地为公司 C 的还款义务提供抵押担保，土地评估价值约为 75255 万元人民币，抵押率不超过 60%；

（3）连带责任担保，公司 C1 为公司 C 的还款义务提供不可撤销的无限连带责任保证担保。

上述增信手段中，既有动能禀赋的使用（承诺函、担保），也有资源禀赋的使用（土地抵押）。尤其是动能禀赋的使用得到了充分体现，包括出具将回购款纳入财政预算的北京市人民代表大会的决议、北京市财政局以《承诺函》的形式承诺按约定价格回购以及财政直接担保和间接担保等。

资源禀赋和动能禀赋的综合使用，一方面增强了地方政府举债能力，另一方面也增加了地方公共债务风险的复杂性及其可能产生负面影响的严重性。尤其是在资源禀赋不足的地区，地方政府会尽力发挥其动能禀赋进行举债，一旦债务偿还出现困难，这些地区的地方政府将陷入被动局面。

三、地方公共债务的区域异质性

我国的经济社会发展存在区域不平衡问题，不同省份的资源禀赋存在差异。结合前述有关地方政府信用金融化的分析，不同省份的地方政府对资源禀赋和动能禀赋的组合使用不尽相同，导致在地方公共债务的举借、使用和管理等方面势必存在明显差异。此外，不同地区债务风险的耐受性也存在明显差别（毛捷和黄春元，2018）。上述多方面因素导致我国的地方公共债务呈现日益明显的区域异质性，主要体现在：举债过程中金融工具的组合、融资效率和综合成本等；债务资金的主要投向、使用效率和市场化程度等；与债务管理相关的债务认知、流动性管理、久期管理和风险管理等。下文将从微观企业和地级市两个层面，详述地方公共债务区域异质性的具体表现。

第一，以三家地市级融资平台公司 D、E、F（分别位于辽宁省、山东省和贵州省）为例，这三家公司外部评级均为 AA。表 2-3 整理了上述三家公司 2015 年年底的融资情况，细分了总体情况以及具体的融资方式构成［包括政策性银行贷款、标准化债务（即城投债）］、商业银行贷款以及其他债务（包括信托、租赁和资管等）。根据表 2-3，我们可以发现以下几点区域异质性。

（1）总体情况看，举债成本（平均年化利率）不尽相同，公司 D 和 F 的融资成本较高（分别为 7.73% 和 7.24%），公司 E 的融资成本较低（5.52%）；

（2）就具体的融资方式构成而言，融资成本最高的公司 D 高度依赖商业银行贷款（该类融资占比为 56.74%），此外也有一定比例的其他债务（占比为 11.48%），上述两类债务的融资成本较高（平均年化利率分别为 7.35% 和 12.92%），这是构成公司 D 承受较高举债成本的主要原因；

（3）公司 E 和 F 虽然都以标准化债务为主，较少依赖商业银行贷款，但由于其自身资质存在差别，融资成本也存在一定差异。

根据表 2-3，我们不难发现，不同类型的融资方式以及融资平台公司自身差异等均会在微观层面造成地方公共债务呈现区域异质性。

公共债务问题研究（以北京市为例）

表2-3 三家不同区域的融资平台公司举债差异化一览

案例	总体情况		政策性银行贷款			标准化债务			商业银行贷款			信托、租赁、资管债务		
	资产负债率（%）	平均年化利率（%）	比率（%）	平均年化利率（%）	增信措施	比率（%）	平均年化利率（%）	增信措施	比率（%）	平均年化利率（%）	增信措施	比率（%）	平均年化利率（%）	增信措施
公司D	40.5	7.73	13.63	6.99	80%为土地抵押，20%为信用	18.15	6.17	信用	56.74	7.35	36.08%为信用，63.92%为土地抵押和保证担保	11.48	12.92	市政府和财政出具承诺函，并纳入财政预算
公司E	37.5	5.52	17.41	5.26	27%为应收款质押，73%为保证担保和土地抵押	40.58	5.31	信用	14.05	5.53	26%为土地抵押，74%为保证担保	27.96	5.98	35%保证担保、65%信用；市政府出具融资的会议纪要
公司F	40.02	7.24	30.93	6.09	58.48%为保证担保，41.52%为土地抵押	44.11	7.21	信用	3.95	9.19	土地抵押	21.01	8.62	应收账款质押、土地抵押、财政局出具承诺函

数据来源：笔者根据中国货币网提供的发债公司审计报告以及相关金融机构产品报告整理得到。

第二，以中部某省份下辖四个地级市的隐性债务资金投向为例。这四个地级市中，Z1市是省会城市，经济社会发展水平较高；Z2市和Z3市两地发展水平次之，Z4市发展水平较低。由表2-4可知，作为当地经济社会较发达地区的代表，省会城市Z1市举债资金主要投向生态建设和环境保护（占比为42.82%），其次是市政建设（占比为27.28%）和保障性住房（占比为15.25%）；Z3市的资金投向相对集中，主要在市政建设（占比为35.7%）和保障性住房（占比为27.36%）两方面，这与Z3市近年来大力推动的城镇化建设规划相吻合；Z2市和Z4市的资金投向比较分散，包括交通运输、保障性住房、农林水利建设和市政建设等方面。分析上述四市举债资金投向可见，经济社会较发达地区的地方公共债务资金投入重点已由基础设施建设和棚户区改造等转向生态文明建设，开始追求城市的内涵发展；相比之下，正在进行产业转型升级和大规模城镇化建设的地区，地方公共债务资金投入仍集中在基础设施建设、棚户区改造等方面。总而言之，不同发展阶段的地区，融资需求各有侧重，债务资金投向随之呈现区域差异。

表2-4 中部某省份下辖四个地级市2016年年底隐性债务资金投向

投向类别	Z1市（省会）比重（%）	Z2市 比重（%）	Z3市 比重（%）	Z4市 比重（%）
交通运输	4.22	21.99	4.96	14.87
市政建设	27.28	14.07	35.70	14.05
教科文卫	0.51	2.47	2.51	2.29
生态建设和环境保护	42.82	12.29	7.56	3.02
土地收储	1.23	7.37	9.26	4.90
保障性住房	15.25	20.93	27.36	20.46
农林水利建设	0.51	16.55	0.88	16.98
工业	1.07	1.74	5.06	7.60
其他	7.11	2.59	6.71	15.83

数据来源：笔者调研访谈获得。

四、地方公共债务的资源配置作用

地方公共债务直接或间接配置各类资源（包括金融、基建和产业等），且呈现顺周期等特点（司海平等，2018），对宏观经济发展影响巨大，成为影响宏观经济调控的重要传导渠道。具体而言，地方公共债务的资源配置作用主要作用在以下三方面：金融整合、基建分工、产业布局。

第一，地方公共债务对金融资源的整合效应，包括金融资源的初次配置和再配置。

一是分析地方公共债务对金融资源初次配置的作用。某地融资平台公司在举债过程中会充分利用各类金融工具实现其融资需求，引致各类金融机构参与其中，从而吸引不同类型（包括本地和外地）的资金聚集到该区域，影响金融资源的宏观（跨域）配置。仍以前述融资平台公司 A 为例，表 2-5 报告了 2017 年与该公司开展合作融资的金融机构分布情况。根据表 2-5，与公司 A 合作融资的证券公司（2 家）、信托公司（6 家）及租赁公司（10 家）主要是来自省外的金融机构，这些金融机构的数量为 17 家，提供的融资资金占公司 A 总体融资规模的 69.81%（已扣除当地一家融资租赁公司，其融资资金占比为 1.69%）。换言之，借助地方政府举债，金融资源实现了跨域整合，有利于深化金融发展和提高融资效率。

表 2-5　融资平台公司 A 合作融资的金融机构分布（2017 年）

案例	当地政策性银行		当地商业银行		标准化业务		信托、资管		融资租赁	
	机构数量	比率（%）	机构数量	比率（%）	机构数量	比率（%）	机构数量	比率（%）	机构数量	比率（%）
公司 A	1	4.77	4	23.73	2	21.81	6	21.11	10（当地 1 家）	28.58

数据来源：笔者根据中国货币网提供的发债公司审计报告整理得到。

二是分析地方公共债务对金融资源再配置的影响。融资平台公司利用其占用的信贷资源，往往会设立投资公司、租赁公司、保理公司、小额贷款公司、担保公司和基金公司等"类金融公司"，通过这些"类金融公司"提供的通道，把举债资金以各种方式贷给中小企业等市场主体。以东部某省份下辖某沿海城市的融资平台公司 G 为例，表 2-6 报告了该公司的信贷资源再配置情况。根据表 2-6，公司 G 对下辖的投资公司、保理公司、融资租赁公司和资产管理公司百分之百控股，其中投资公司、保理公司和融资租赁公司的业务十分活跃；基金公司和股权投资公司虽不是百分之百控股，但业务量比之注册资金也不小。这表明，融资平台公司通过组建"类金融公司"实现金融资源的再配置，的确满足了当地企业（尤其是中小企业）的融资需求。但是，"类金融公司"提供融资的成本较高，且风险审核和控制等不及银行严格、系统，不利于管控区域性金融风险。因此，对于地方公共债务带动的金融资源再配置，应采取相对审慎态度，严格把控风险。

表 2-6　融资平台公司 G 的信贷资源再配置情况（2017 年）　　　单位：万元

公司 G 下辖	投资公司	保理公司	融资租赁公司	基金公司	股权投资公司	资产管理公司
实缴注册资金	55000.00	10000.00	20000.00	3000.00	1000.00	1000.00
股权占比	100%	100%	100%	70%	49%	100%
主要业务	投资管理、项目投资	通过购买卖方货物销售/服务合同所产生的应收账款，向其提供保理融资、信用风险担保、账款催收等一系列金融服务	商业租赁、融资租赁、售后回租	基金管理、资产管理	孵化投资创新创业企业	资产管理（金融资产除外）；财务咨询等
2017 年年底业绩	投资 7 家公司，共计 45100.00	营业收入 6323.17（投放贷款约 5.2 亿元）	投放 14500.00	亏损 840.00	已投资 730.00	新设立

数据来源：笔者根据中国货币网提供的发债公司审计报告及其相关资料整理得到。

第二,地方公共债务促进基建分工。融资平台公司举债主要用于项目融资,项目的投资过程基于项目本身利益相关者的组织配置过程,债务资金的投向主要是融资平台公司所在区域内的基础设施项目。围绕基础设施项目的建设,聚集起项目施工方、投资方和材料供应方等参与建设的市场主体。仍以前述融资平台公司 A 为例,表 2-7 报告了与该公司合作的各类基建公司分布情况。根据表 2-7,与融资平台公司 A 合作的基建类企业中,国有企业(含央企和地方国企)占总投资的比例为 59.79%,民营企业占比为 40.21%(其中来自省外的比例为 35.82%)。这表明,债务资金的使用产生了对基建资源的配置,各类不同基建机构(包括国企和民企、本地企业和外地企业)共同参与,促进了基建分工,有助于提升建设效率。

表 2-7　　　与融资平台公司 A 合作的各类基建公司家数及各类投资规模占总投资规模比率(2017 年)

公司 A	建设、施工类央企		建设、施工类地方国企		省外建设、安装、设计、原材料供应类民企		当地建设、安装、设计、原材料供应类民企	
	机构数量	比率(%)	机构数量	比率(%)	机构数量	比率(%)	机构数量	比率(%)
合作公司	7	29.62	8	30.17	9	35.82	4	4.39

数据来源:笔者根据中国货币网提供的发债公司审计报告及其相关资料整理得到。

第三,地方公共债务还具有引导产业布局的作用。融资平台公司往往是地方政府进行招商引资时实施各类政策的市场主体,通过招商引资、产业基金等,依据当地资源禀赋,有导向性和针对性地配置产业资源。之所以能引导产业布局,主要有以下四个原因。

一是融资平台公司拥有大量土地,能够向产业企业提供熟地。

二是融资平台公司能够为产业入驻提供配套的基础设施。

三是部分公共事业服务由融资平台公司具体执行,为产业入驻提供良好的经营环境。

四是地方政府给予配套措施，包括设立产业基金、融资协助和财政补贴等鼓励相关产业企业投资、生产，孵化相关新兴产业，引导、参与前期投资，平抑投资风险、降低企业前期财务压力等。

五、地方公共债务利益相关者的委托代理关系与道德风险

地方公共债务涉及多类经济主体与政府部门。地方政府、融资平台公司、社会资本合作方、金融机构及中介机构等形成了利益共同体，导致地方政府与上述经济主体间形成复杂的委托代理关系。政策文件如若思虑不周全，容易引发意想不到的道德风险。

以《关于加强地方政府性债务管理的意见》（国发〔2014〕43号文）为例。根据该文件，2014年10~12月，财政部部署各地财政部门集中进行地方公共债务甄别，政策初衷是更为科学、严格地管控地方公共债务及其风险，但在实际操作中也可能起到引发地方政府道德风险的作用。为了尽可能把现存债务纳入被认可的存量政府债务，以利用一般公共预算收入和政府性基金预算收入化解债务和降低偿债成本，地方政府鼓励融资平台公司和各类金融机构在上述两个月内集中加速推进融资业务。这是2014~2016年融资平台公司发债规模迅速上升的重要原因。一方面，结合图2-5，由于2014年年底加速推进融资业务，2014年全国城投债规模相较2013年增长了将近一倍（95%）。另一方面，由于不少融资平台公司发行城投债需要一定周期（以前述融资平台公司G为例，其发行城投债从发起到审批、发行成功经历了超过一年的时间），导致2014年年底批准的债务于2016年集中发行（见图2-6），2016年城投债规模随之再次大幅上升（见图2-5），相较于2014年又增长了约六成（58.41%）。对此，有关部门及时发现问题，出台一系列针对性强的文件（《国务院办公厅关于印发地方政府性债务风险应急处置预案的通知》国办函〔2016〕88号、《财政部关于印发〈地方政府性债务风险分类处置指

南》的通知》财预〔2016〕152号、《关于进一步规范地方政府举债融资行为的通知》财预〔2017〕50号、《关于坚决制止地方以政府购买服务名义违法违规融资的通知》财预〔2017〕87号和《关于规范金融企业对地方政府和国有企业投融资行为有关问题的通知》财金〔2018〕23号等），抑制道德风险对相关政策实施效果的破坏作用。上述情况提示，在制定地方公共债务的相关政策文件过程中，务必对其中可能隐藏的道德风险高度重视，完善制度设计，避免发生因道德风险导致地方公共债务风险进一步加大的被动局面。

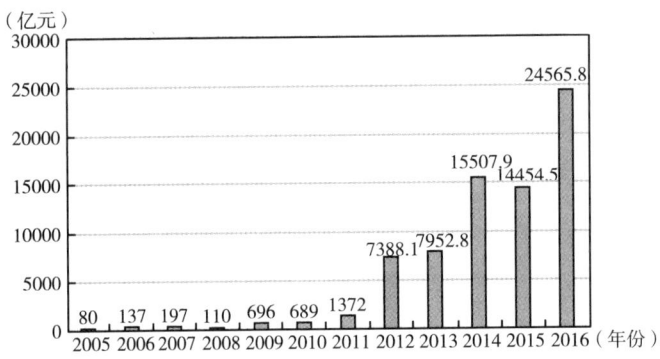

图2-5 2005～2016年全国城投债发行额（Wind口径）

数据来源：Wind数据库。

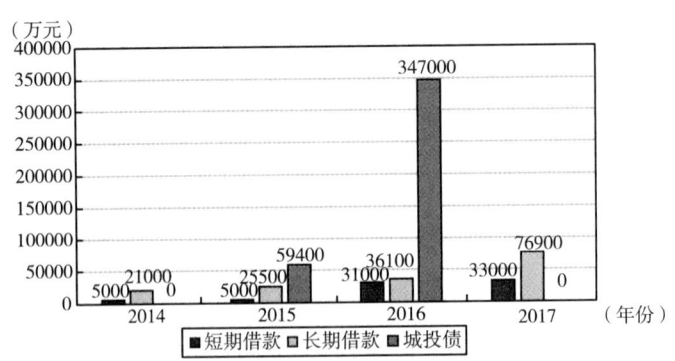

图2-6 2014～2017年融资平台公司G的负债情况

数据来源：笔者根据中国货币网提供的发债公司审计报告整理得到。

六、地方政府举债冲动与举债恐慌并存

在"后门"打开时（可以利用融资平台公司进行融资），由于融资便利性（如借助土地等国有资产以及政府信用金融化等）以及存在基建压力等，地方政府具有较强的举债冲动。而当"后门"关闭，只能通过省级政府发行政府债券进行融资时，由于债务存量和投资项目（含已投和拟投）的刚性支出，地方政府产生了一定的举债恐慌，主要表现为利用各种可能的其他方式进行违法违规举债以维持债务偿付能力。如果处置不力，这种举债恐慌很可能形成新一轮的举债冲动，并产生举债恐慌与冲动的交织效应，对于科学管控地方公共债务规模和风险十分不利。例如，根据笔者调研掌握的资料，在东部某省份下辖的某县级市H，下辖的两家融资平台公司是当地最重要的土地开发整理及保障性住房投融资和建设主体，这两家融资平台公司先后发行债券2只，债务余额20亿元。自2017年下半年以来，由于相关政策文件对融资平台公司融资加强了管制，融资平台公司不能及时通过再融资进行资金周转，加之当地政府债务负担已经较重，H市由原来通过融资平台公司举债的冲动变为举债恐慌，在资金紧张的压力下，政府部门竟然直接向机关工作人员募集资金以应对偿债压力。

上述事实提示，在堵地方政府举债的"后门"时，政策一定要注意避免或消除举债冲动与举债恐慌的交织效应，否则容易出现"挤偏门"，对地方公共债务的科学管理产生破坏作用。关键是对隐性债务的科学处置：一方面要坚决遏制隐性债务增量，坚决堵住地方政府违法违规举债的"后门"或"偏门"；另一方面，尽快制定化解存量隐性债务的长效机制，消除地方政府在项目投资、建设过程中的融资恐慌。

七、地方政府举债的市场约束逐步增强

2015年以来，地方政府举债的"正门"开大开好。财政部陆续出台系

列文件，支持地方政府一般债券和专项债券（包括土地储备专项债、收费公路专项债和棚户区改造专项债等）的发行。在债券市场上，地方政府债券的信用评级为 AAA（债券市场最高评级），其债务资金用途严格对应项目，项目收益足额覆盖债券本息。同时，地方政府债券发行有多档期限，最高不超过 20 年。相比之前借助融资平台公司举债，发行地方政府债券显著降低了地方政府举债的偿付成本。

地方政府债券的发行和使用相对规范，使地方政府举债的市场约束不断增强，市场对地方政府债券的认可度随之提升。具体表现如下。

一方面，投资主体日益多元化，从银行扩大到保险、基金、企业年金和养老金、非金融企业及地方商业银行等不同投资者。以 2018 年在上交所发行的地方政府债券为例，约 5% 由券商中标，70% 以上投资需求来自保险、基金和个人投资者等，改变了此前地方政府债券投资主体单一（主要是银行）的局面。

另一方面，利用债券二级市场的现券交易机制与高效便捷的回购交易机制等，地方政府债券可在证券交易所进行质押融资，这成为各类金融机构流动性管理的重要工具。

第三章
北京市公共债务的理论分析与制度环境研究

本章主要从公共产品理论、代际公平理论以及委托代理理论三方面研究地方公共债务的理论基础，同时从财政分权、晋升机制、土地财政、债务管理以及其他经济因素五个角度具体分析北京市举借公共债务的制度环境。

本章的主要分析思路如下：公共产品理论阐明了地方政府为提供必要公共产品及服务而举借债务的必要性；代际公平理论依据"受益原则"为地方公共债务的合理性提供了理论证据；委托代理理论说明，如果激励机制设计合理有效，则有利于地方政府将公共债务规模控制在合理范围内。在制度环境方面，分税制使财政收入上移和支出责任增加，加剧地方政府的财政收入约束与财政支出需求之间的矛盾，财政压力随之增加；我国以经济绩效为核心的官员晋升机制，引发地方官员"为增长而竞争"的格局，晋升竞争会转变为地区间的经济增长竞争，从而形成地区发展压力；在财政压力和发展压力背景下，地方政府的投融资模式发生改变，通过融资平台变相举债并高度依赖土地等资产，再加上不健全的信息披露机制，使有效防控地方公共债务风险更加困难；金融生态环境的发展和京津冀协同发展为北京市公共债务的增长提供了有利的市场条件和旺盛的资金需求。上述各因素的综合影响导致北京市公共债务规模不断增长，债务风险日益凸显。

第一节 北京市公共债务形成机制的理论分析

一、公共产品理论与地方公共债务

"公共产品"的经济学界定由保罗·萨缪尔森（Paul A. Samuelson）提出。公共产品的两大特征是消费的非竞争性和非排他性，即某些人对该产品的消费不会降低该产品对其他人发挥效用，也无法排斥其他人同时消费该产品。由于市场失灵的存在，如信息不对称、道德风险、逆向选择等，供给公共产品的责任一般由政府承担。多数公共产品和服务都有特定的受益区域和范围，几乎不存在受益范围绝对无限的公共产品，这就意味着，人们享受公共产品与服务受到时间与空间的限制。此外，由于信息的不完备，中央政府很难针对不同地区的经济社会发展状况提供相应的公共产品与服务，因此地方政府各自提供本地区的公共产品与服务，能最大限度地实现资源优化配置，提高社会福利水平。地方政府提供的公共品项目建设周期与受益周期一般较长，而中长期的地方公共债务偿还期限大体与受益周期相一致，建设成本由受益各方平均分摊。举借债务相比税收、转移支付等筹资方式更符合"受益原则"，这为地方公共债务规模的持续扩大提供了合理的解释。

二、代际公平与地方公共债务

美国学者佩基（Page）最早提出"代际公平"的概念。他认为，"假定当前决策的后果将影响几代人的利益，那么，应该在各代人之间就上述后果进行公平的分配"。在实际生活中，一些水电站、公路等的建设不仅有利于促进当代经济发展和人民生活水平的提升，而且对后代的经济、社会生活依然能够发挥积极作用，具有明显正外部效应。由于这类项目的建设成果由多代人共享，那么该类项目的建造成本也理应在代际之间合理分配，这才符合代际公平理论的要求。地方政府可以通过举借债务而非当期财政为受益年限长、建设周期长的项目筹集资金，进而使投资成本在代际之间进行分摊，从而实现代际公平和资源的合理跨期配置。然而，政府的经常性项目不存在代际受益，由此，如果为了经常性项目而过度举债，则违反了代际公平理论。

三、委托代理理论与地方公共债务

在委托代理理论中，委托人和代理人都是经济人，其行为目标是实现自身利益的最大化，因此，委托代理理论的核心内容是解决在利益冲突和信息不对称情况下，委托人如何设计最优契约来激励代理人（Sappington，1991）。对于地方公共债务问题而言，地方政府既可视为中央政府的代理人，又可视为地方民众的代理人，由此便构成了双重代理关系。在上述关系中，中央政府或地方民众作为委托人若想充分掌握地方政府信息，难度较大或获取信息的成本较高，这就为地方政府的机会主义行为提供了空间。只有建立恰当的激励机制才能有效防止地方政府为逃避政府责任、寻求自身利益最大化而做出的伤害委托人利益的行为。激励机制设计的目的就是通过将对行为主体的奖惩与其提供的信息或外在可观察的信息联系起来，从而将行为的社会成本或收益内部化为决策者个人的成本与收益（张玉佩和薛立强，2013）。根据上述定义，笔者将具体分析以下激励机制对地方公共债务的影响。

1. 中央政府及民众的监督

如果中央政府及民众的监督能够迫使地方政府规范自身行为，有计划地、目标明确地举借债务，减少或放弃违规举债、担保等行为，将地方公共债务风险控制在合理范围内，那么这种监督就是一种正激励。但如果监督机制不健全、惩戒制度不完善，那么很难使地方政府将借债的社会成本或收益内化为其自身的成本与收益,极有可能导致地方公共债务的无序增长,严重威胁地方政府经济的叮持续发展。

2. 预算软约束

预算软约束起源于计划经济时期政府(或银行)对国有企业的扶持,使国有企业产生道德风险。预算软约束主要包括显性救助和隐性补贴。显性救助主要指中央对地方的直接救助,通常表现为中央政府的一次性支付;而隐性补贴则主要表现为转移支付的讨价还价、价格补贴、税收优惠、预算外收入等(姜子叶和胡育蓉,2016)。预算软约束这种激励机制的存在为地方政府过度借债提供了信心:假如地方政府无力偿还债务,由于中央政府无法对明显的地方财政困难视而不见,这会迫使中央政府为地方提供财政援助,极易引发财政失衡,威胁全国经济平稳发展。

第二节 北京市公共债务的制度环境研究

一、财政分权制度

财政分权是中国经济发展历程中的一项重要举措（毛捷等，2018）。自1994年分税制改革以来，中央政府上收大量财权，规定增值税为中央与地方政府的共享税，营业税和个人所得税为地方税，企业所得税按照企业不同的隶属关系分为中央企业所得税和地方企业所得税。2001年实施所得税收入分享改革，将企业所得税和个人所得税划为中央地方共享税，导致所得税增速明显下滑，甚至出现负增长，影响地方政府财政收入。

然而，地方政府财政支出责任并未明显减少，仍需承担资源配置、宏观调控、收入分配等职能。这种"财权上收，事权下放"的制度使地方政府资金缺口扩大、财政压力不断增加。图3-1描述了2000~2017年北京市人均

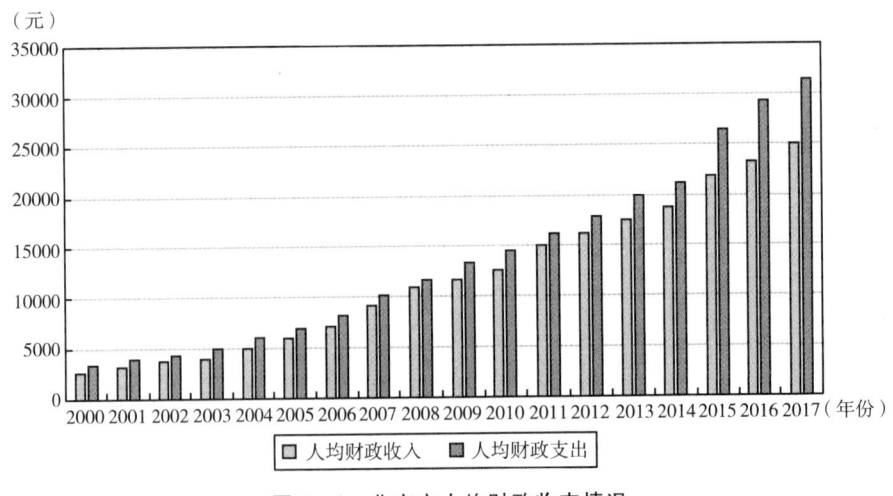

图 3-1 北京市人均财政收支情况

数据来源：EPS 数据库。

财政收入和人均财政支出情况,我们从中可以看出财政资金缺口不断扩大、财政收支矛盾加剧。

在财政分权框架下,地方政府的预算约束为:财政支出－财政收入＝转移支付＋地方债务(周学东等,2014),即面对不断攀升的财政压力时,地方政府通常有以下两种选择。

一是依赖中央对地方的转移支付来缓解财政紧张的状况。

二是选择通过自主管控的地方融资平台贷款或发债融资,为其经济建设获得资金来源。

然而,中央对地方政府的转移支付往往带有指定用途等约束条件,难以灵敏地根据地方政府对资金的需求做出及时调整;加之其金额有限,难以完全填补地方政府的资金缺口。因此,不足部分将由地方政府通过借债来弥补。

本章采用一般公共预算支出与收入之间的差额作为北京市政府资金缺口的衡量标准。从图3-2可知,北京市政府2008~2018年的资金缺口大体呈上升趋势,并且中央返还及补助收入难以有效解决财政收支矛盾问题。在此

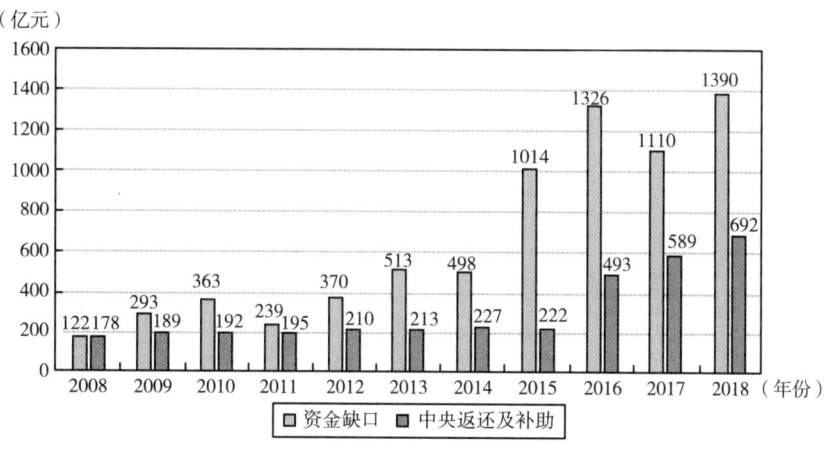

图3-2 北京市财政资金缺口及转移支付情况

数据来源:北京市财政局公布的政府预决算报告。

背景下，北京市政府不得不借助预算外收入（如通过融资平台举债）来筹集资金，为履行经济建设、政治稳定、文化发展等政府职责提供充分的财力保障。

二、官员晋升机制

地方政府官员由中央或上级政府任命，是中国政治体制非常重要的特征（蒲丹琳和王善平，2014）。由于上下级政府间存在信息不对称，地方政府倾向于投资规模大、难度大的工程，甚至不惜搞"政绩工程""形象工程"来刺激经济短期快速增长。一般而言，这类项目的建设需要大量资金投入。受旧《中华人民共和国预算法》约束，地方政府不得不通过融资平台举债等方式筹集资金。此外，我国地方政府官员实行任期制，官员任期一般短于地方公共债务的偿还期限，这导致官员一上任就面临着上届政府遗留的大规模债务，使地方官员不得不以"本届政府借债，下届政府还债"的思维继续借新还旧，由此债务规模进一步扩大。

三、依托"土地财政"的举债融资模式

相较于增加税收等融资方式，地方政府更倾向于通过借债来筹集资金，原因主要是以下三点。

第一，根据公共福利理论，发行债券可以使地方政府在不增加税收的前提下扩大支出，提供更多的公共产品与服务，提高人们的社会福利；同时，当前"减税降费"的政策环境进一步降低了地方政府通过增税来筹集资金的可能性。

第二，与银行贷款相比，政府债券的融资成本会更低。

第三，政府债券一般为中长期债券，这意味着大部分债券的偿还期会跨越两届地方政府，政府官员在任期内的债券偿还压力较小。

因此，政府债券凭借其融资成本低、偿还期限长等优势成为地方政府融资的重要方式。

在此背景下，土地作为地方政府的一项重要资产，为其筹集资金发挥着不可替代的重要作用。1988年《中华人民共和国宪法修正案》明确规定"土地的使用权可以依照法律的规定转让"，同年的《中华人民共和国土地管理法》进一步规定，国家依法实行国有土地有偿使用制度。这是在制度上打破了我国无偿、无限期的土地行政划拨的局面，为土地的有偿出让提供了法律依据，并且土地出让金可以作为地方固定收入全部划归地方政府所有（贾俊雪等，2016）。

由于地方政府在城市土地供给市场拥有垄断地位，并且土地的市场需求旺盛，随着土地市场化的不断发展，土地出让价格的溢价率较高，地方政府获得的土地出让收入不断增加。图3-3展示了2005~2016年北京市国有建设用地出让情况。由图3-3可知，北京市土地出让收入虽有波动，但整体仍呈上升趋势。

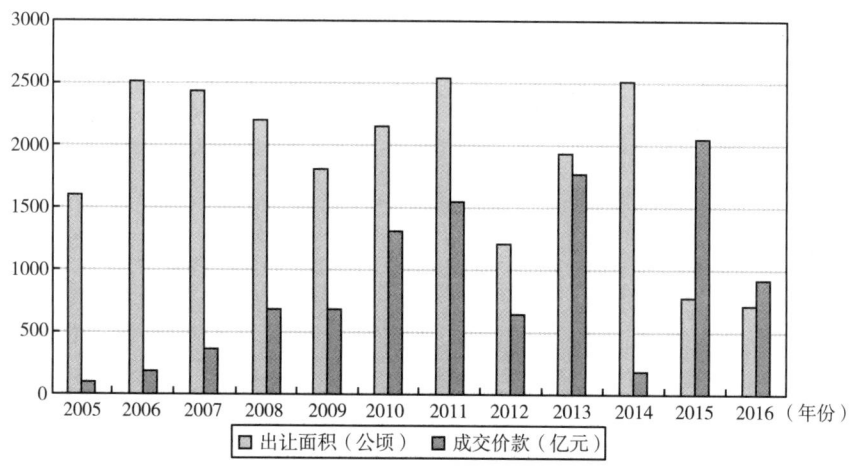

图3-3　北京市国有建设用地出让情况

数据来源：《中国国土资源年鉴》。

除此之外，地方政府还通过向融资平台公司注入储备土地并承诺以土地出让收入作为担保和偿债来源，借用地方融资平台进行发债融资，这无疑进一步地扩大了土地的融资功能。

土地出让收入对地方公共债务规模具有两方面影响。一方面，土地出让收入补充地方财政收入，缩小了资金缺口，地方政府借债的激励减弱，可能会抑制地方公共债务规模的持续扩大；另一方面，土地的出让金收入增多，会提高地方政府对未来还债能力的预期，进而扩大借债规模（钟辉勇和陆铭，2015）。因此，理论上，土地财政对地方公共债务的影响是不确定的，很多情况下取决于地方政府对经济建设资金的需求。从现阶段来看，地方政府官员在晋升压力下有尽可能多地进行大规模基础设施建设的动力，对资金的需求量并不会因土地出让收入的增多而大幅下降，因此，土地出让对地方公共债务的正向影响占据主要地位。

四、债务管理体制

1. 信息披露系统不完善

建立一套科学完整的地方公共债务信息披露体系，充分反映债务信息，是防范和化解地方公共债务风险的重要基础。为此，党的十八届三中全会在《中共中央关于全面深化改革若干重大问题的决定》中要求"建立权责发生制的政府综合财务报告制度，建立规范合理的中央和地方公共债务管理及风险预警机制"。2014年国务院印发《关于加强地方政府政府性债务管理的意见》，提出"完善地方政府性债务统计报告制度，加快建立权责发生制的政府综合财务报告制度，全面反映政府的资产负债情况"。《北京市人民政府关于加强政府性债务管理的实施意见》（京政发〔2011〕60号）规定，财政部门要不断完善政府性债务统计分析报告制度，要建立权责发生制的政府综合财务报告制度。

然而，当前我国地方政府负债信息分散于国家财政部、国家审计署和国家发展和改革委员会等不同部委的公共债务统计资料中，并未在统一的公共债务信息系统中进行披露，且统计口径也不统一。这种地方公共债务信息披露模式增加了中央政府对地方政府债务情况的监管难度，不利于地方公共债务风险的有效管控（王芳等，2017）。

根据清华大学公共管理学院公共经济、金融与治理研究中心课题组发布的《中国市级政府财政透明度研究报告》，北京市以83.59分（百分制）排名第一，但北京市公共债务信息披露情况仍不容乐观。除了存在上述共性问题之外，北京市政府在公开具体债务使用项目以及各辖区债务情况等方面仍有待进一步改善（刁伟涛，2017）。

2. 重风险处置，轻问责处罚

2017年北京市人民政府办公厅印发的《北京市政府性债务风险应急处置预案》（京政办发〔2017〕34号）（以下简称"34号文"）提出，坚持预防为主、预防和应急处置相结合，加强对政府性债务风险的监控。34号文根据政府性债务风险事件的性质、影响范围和危害程度等，将公共债务风险预警分为一般风险、较大风险、重大风险和特大风险，并根据不同风险等级提出相应具体应急措施。虽然34号文也提到"责任追究"，但处罚措施不明确，处罚力度相对较轻。这会导致地方政府官员推脱债务责任，不利于激励其采取积极有效措施防范地方公共债务风险。

五、其他经济因素的影响

1. 金融生态环境

《中国地区金融生态环境评价》课题组提出评价地区金融生态环境的四方面指标：地区经济基础、政府治理、金融发展和制度及信用文化（潘俊等，2015）。良好的金融生态环境会提高审批人和投资者对地方公共债务的信心，从而降低融资成本，提高地方政府融资成功率。金融市场的不断发展为地方公共债务的增长提供有利条件。多元化的市场主体和充足的资金支持使资本市场对地方公共债务的承受和消化能力不断提高。影子银行作为游离于传统银行体系之外的信用中介组织和信用中介业务，为地方政府提供了极为便利的融资渠道，有力地促进地方公共债务的增长（吕健，2014）。

北京市作为我国政治经济中心，金融生态环境质量较高。根据《北京区域统计年鉴》，2018年北京市共有银行、保险机构4813个，从业人员达到39.28万人，金融业生产总值达到4655亿元。图3-4描述了北京金融业生产总值和银行存贷款比率情况。由图3-4可知，2006~2017年北京市金融业生产总值持续增长，银行的存贷款比率在40%~50%范围内波动，银行的流动性较高。良好的金融生态环境为北京市政府举借债务提供了有利的市场条件。

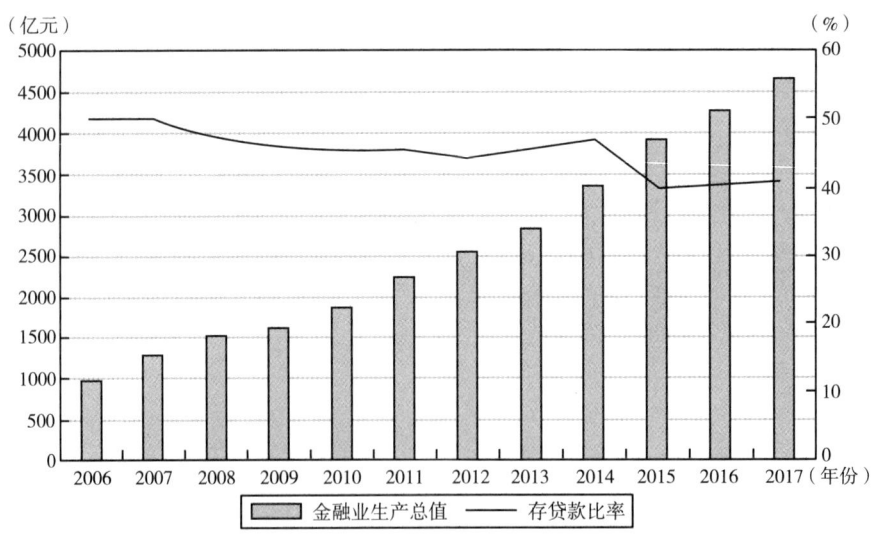

图3-4　北京市金融业发展情况

数据来源：历年《北京区域统计年鉴》。

2. 京津冀协同发展

京津冀地缘相接、人缘相亲、文化相近，共同发展的历史由来已久。早在 20 世纪 80 年代中期，京津冀地区曾作为试点区域进行国土资源整治工作；21 世纪初，为配合北京市新的功能定位和天津滨海新区大规模建设，由国家发展和改革委员会牵头在河北廊坊举行了京津冀区域合作论坛，达成了在公共基础设施、资源和生态保护等方面加速一体化进程的共识。2014 年党中央正式提出"京津冀协同发展"战略决策，并于 2015 年出台《京津冀协同发展规划纲要》。这为京津冀的交通一体化、公共服务一体化等方面提供了必要的制度支持。

在京津冀协同发展过程中，北京市首先需要通过产业转移等方式有序疏散其非首都功能，优化区域内的经济发展空间；此外，调控人口迁入、保护生态环境、完善基础设施等都是京津冀一体化战略要求的题中之意。公共债务有效地解决了京津冀发展过程中资金不足的问题。

第四章
测算方法与现状分析

为准确测算北京市公共债务总体规模，本章首先明确公共债务统计口径，即北京市公共债务主要由政府债券、融资平台存量金融债务以及北京市连带隐性债务三部分组成；其次介绍北京市公共债务的总体情况，以从全局掌握北京市公共债务现状；再次分别介绍北京市公共债务的各个重要组成部分，即政府债券、融资平台存量金融债务以及北京市连带隐性债务的具体情况。由于城投债备受各界关注，本章也将单独介绍北京市融资平台发行城投债的情况。最后，根据上述分析，本章总结了北京市公共债务的主要特征。

第一节　北京市公共债务统计口径

目前来看，由于对地方公共债务的理解不一致，研究对象往往也不尽相同，我国地方公共债务的统计口径并不统一，这严重阻碍了对地方公共债务的深入研究。从政府层面来看，伴随着2015年新修订的《中华人民共和国预算法》及配套文件的出台，我国地方公共债务正式纳入财政预算管理，定期进行信息披露。当前公开的地方公共债务主要包括政府一般债券和专项债券，而未公开披露地方政府通过融资平台进行举债的规模。从学术层面来看，考虑到数据的可得性等问题，研究者多以融资平台发行的城投债为主要分析对象，进行地方公共债务研究。然而，政府债券和融资平台都在地方政府筹资方面发挥着重要作用，仅强调其中某一方面会偏离现实情况、得出有失偏颇的结论。此外，由于北京经济发展水平较高、财政实力雄厚，其他省份会直接或间接地获得北京市的部分资源，这会反过来影响北京市的经济发展。就地方公共债务而言，北京市可能会因为外省向其借债而产生连带隐性债务风险。具体来说，这种连带隐性债务是指除其他省份的融资平台通过北京市政府所管辖的金融机构进行融资，由此产生的违约风险给北京市政府带来的连带债务。

据此，本章采用毛捷和徐军伟（2019）对地方公共债务的定义以及统计口径，将北京市公共债务分为以下三类：政府债券、融资平台的存量金融债务和连带隐性债务。其中，政府债券包括2009~2013年财政部代发代还的北京市债券和2014~2018年北京市自发自还的政府债券[①]；融资平台的存量

[①] 根据《2009年地方政府债券预算管理办法》（财预〔2009〕21号），财政部开始为北京代发代还政府债券；2014年5月22日，财政部颁布《2014年地方政府债券自发自还试点办法》（财库〔2014〕57号），北京市正式加入自发自还政府债券的行列。

金融债务主要包括短期借款、长期借款、应付债券、一年内到期的非流动负债和应付票据。值得注意的以下两个问题是：其一，由于北京市融资平台应付短期债券金额为 0，因此融资平台存量金融债务分类中未将其包含在内；其二，融资平台的存量金融债务包含城投债。

上述统计的数据来源如下：北京市政府债券数据主要来自北京市财政局公开的北京市政府预决算报告和 Wind 数据库；关于融资平台存量金融债务和连带隐性债务数据，笔者依据徐军伟等（2019）重构的"地方融资平台新名单"（下文中简称为"新名单"），进行手工整理而得。

第二节 北京市公共债务整体情况

一、整体规模①

近年来,北京市公共债务规模不断扩张。2005~2017年,北京市公共债务总体情况(包括政府债券和融资平台存量金融债务)如图4-1所示:2005年北京市公共债务总额为1237.22亿元,2017年债务规模增至25208.80亿元,是2005年债务规模的20.38倍,债务年均增长率均在10%

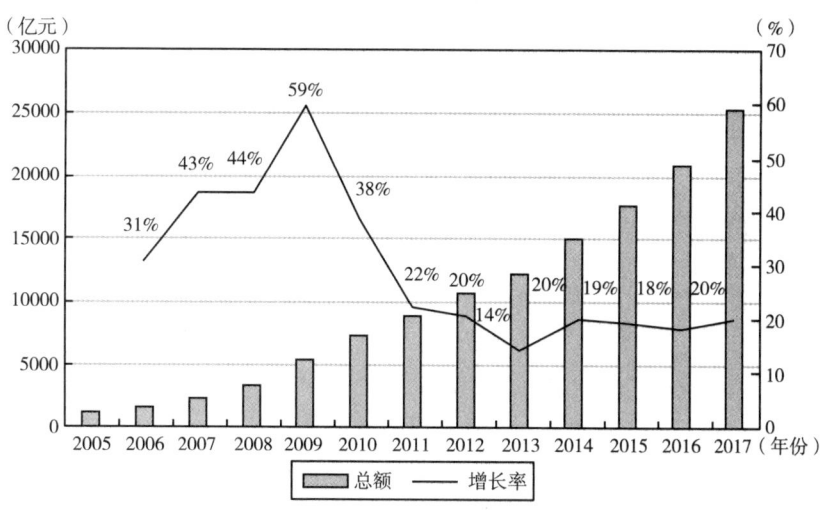

图4-1 北京市公共债务总体规模情况

数据来源:笔者根据新名单(徐军伟等,2019)、Wind口径、银监会口径、中国货币网以及北京市财政局公布的北京市政府预决算报告整理得到。

---

① 由于北京市下辖金融机构的公开信息有限,北京市连带隐性债务识别存在困难,因此本节未将其包含在内。

以上。这表明北京市公共债务规模呈现持续较快增长态势。其中,2009 年债务增长率出现峰值,逼近 60%,主要是"四万亿"经济刺激计划的实施等因素,导致地方公共债务急剧增长。

从债务类型来看(见图 4 - 2),融资平台的存量金融债务比重最大,债务规模 21364.38 亿元,占总规模的 84.75%;其次是北京市自发自还债券,债券金额 3519.42 亿元,占比 13.96%;最后是财政部代发代还债券,债券金额 325 亿元,仅占 1.29%。

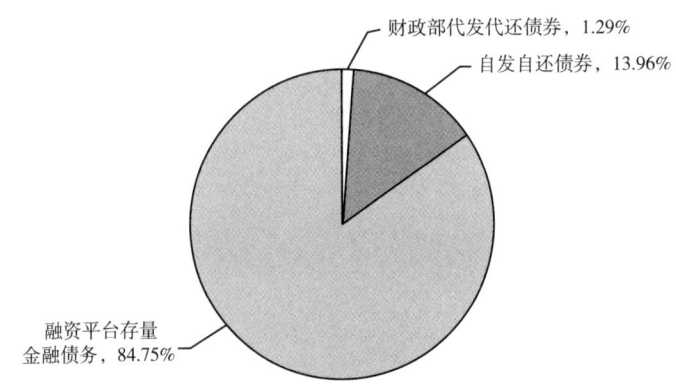

图 4 - 2　北京市公共债务构成情况

数据来源:笔者根据新名单(徐军伟等,2019)、Wind 口径、银监会口径、中国货币网以及北京市财政局公布的北京市政府预决算报告整理得到。

二、北京市公共债务的可持续性

地方公共债务的可持续性是指在既定的融资成本条件下,能够维持一种未来任何时期经济同步增长且地方政府按时偿还到期债务本金和利息的状态。地方公共债务的可持续性主要考察地方政府偿债能力和债务的流动性。在衡量指标的选择上,由于 GDP 通常被认为是政府偿还债务的物质基础,因此 GDP 可以用来衡量地方政府的偿债能力;综合财力是地方政府可直接动用的资金,因此,可用综合财力衡量地方公共债务的流动性(胡娟等,2016)。

根据上述分析,本章采用GDP和综合财力等变量,构建静态和动态两大类指标,综合衡量北京市公共债务的可持续性。

1. 静态指标

该类指标主要包括负债率和债务率。

负债率 = 当年北京市公共债务总额/当年北京市GDP

该指标主要反映经济总规模对北京市公共债务的承载能力,比率越小,说明北京市国民经济对公共债务的承载能力越高,债务可持续性越强。由图4-3可知,截至2011年,北京市政府负债率虽逐年提高,但未超过在60%的国际警戒线水平。2012~2017年,北京市政府负债率超过警戒线,债务风险明显上升,债务可持续性受到威胁。

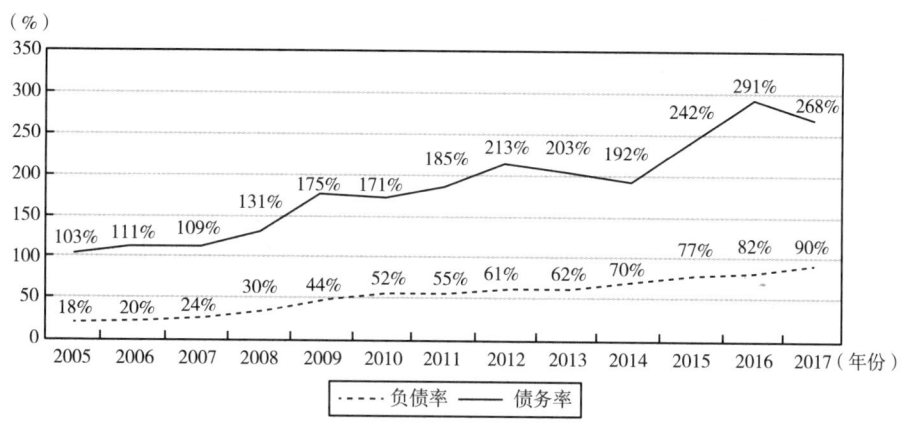

图4-3 北京市公共债务静态指标情况

数据来源:笔者根据新名单(徐军伟等,2019)、Wind口径、银监会口径、中国货币网以及北京市财政局公布的北京市政府预决算报告整理得到。

债务率 = 当年北京市公共债务总额/当年北京市综合财力[①]

该指标比率越小，说明北京市政府综合财力对公共债务偿还的保障能力越强，公共债务的可持续性越强。由图4-3可知，北京市政府2005~2017年债务率均超过100%，债务风险不容忽视。

2. 动态指标

该类指标包括长期负债能力指标和长期偿债能力指标。

$$长期负债能力指标 = (1+北京市公共债务增长率) \div (1+北京市GDP增长率)$$

该指标比率越低，说明北京市公共债务增长速度低于GDP增长速度，这意味着北京市的经济发展能够为偿还公共债务提供坚实的物质基础，公共债务风险在经济发展能力的可控范围之内。

$$长期偿债能力指标 = (1+北京市公共债务增长率) \div (1+北京市综合财力增长率)$$

该指标比率越低，地方公共债务增长速度低于综合财力增长速度，这说明地方公共债务的流动性较强，地方公共债务的可持续性程度更高。

图4-4描述了北京市公共债务的动态指标情况。北京市政府长期负债能力指标平均水平为115%。2009年出现峰值，达到146%，这一方面是由于全球经济危机导致的GDP增速明显下降，另一方面是由于"四万亿"经济刺激计划的实施等导致了公共债务规模的急剧扩张。北京市政府长期偿债能力指标平均水平为109%。2009年长期偿债能力指标高达134%，达到峰值，原因同上，不再赘述。2015年长期偿债能力指标又有所上升（达到126%），主要原因是面对经济下行压力，2015年北京市实施一系列减税降

[①] 综合财力包括一般公共预算收入、政府性基金收入、国有资本经营预算收入和转移支付收入。

费等积极财政政策,使综合财力增速放缓,公共债务的长期偿债能力有所减弱。从整体上看,北京市公共债务的长期负债能力指标和长期偿债能力指标水平较高,表明北京市公共债务增速快,债务规模急剧扩张,债务风险逐渐凸显。

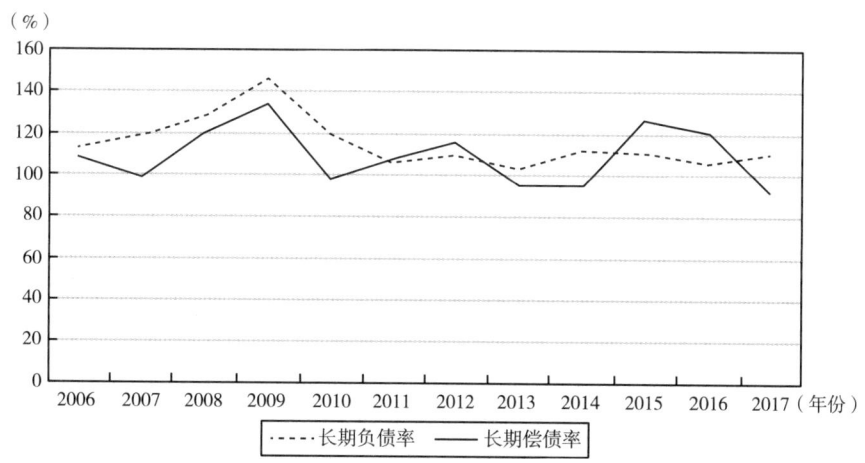

图4-4 北京市公共债务动态指标情况

数据来源:笔者根据新名单(徐军伟等,2019)、Wind口径、银监会口径、中国货币网以及北京市财政局公布的北京市政府预决算报告整理得到。

3. 总结性分析

北京市公共债务的静态和动态指标水平都偏高。因为本章采用政府债券和融资平台存量金融债务两部分来衡量北京市公共债务总体情况,统计口径较宽,这导致计算得出的债务比率相对较高。另外,债务比率偏高说明公共债务规模增速较快,北京市公共债务的可持续性令人担忧。

第三节 政府债券

一、政府债券规模

根据北京市财政局公布的预决算报告，2009~2013年中央政府代发代还北京债券共325亿元，2014~2018年北京自发自还债券3950.45亿元。每年新增政府债券情况如表4-1所示。

表4-1　　　　2005~2018年北京市政府债券发行情况

年份	代发代还债券（亿元）	同比增长	年份	自发自还债券（亿元）	同比增长
2009	56.00	—	2014	105.00	—
2010	54.00	-3.57%	2015	1178.00	1021.90%
2011	54.00	0.00%	2016	1166.40	-0.98%
2012	68.00	25.93%	2017	1070.02	-8.26%
2013	93.00	36.76%	2018	644.86	-39.73%
合计	325.00	—	合计	4164.28	—

数据来源：Wind数据库和北京市财政局公布的北京市政府预决算报告。

从表4-1可以看出，代发代还债券每年发行规模相对稳定且数额较小。这说明，北京市政府债券规模在这一时期得到较好控制。2014年北京市刚成为自发自还债券试点，支持政策与配套设施不完善，因此债券发行基本与以往情况保持一致，债券规模增长幅度较小；2015年新修订的《预算法》的实施，标志着地方政府举债的"正门"完全打开，北京市政府债券也于同年出现数量激增的情况，且此后的一段时期基本保持相同水平发行量，仅2018年有所回落。

二、政府债券的进一步分类

1. 代发代还债券

根据《财政部关于印发〈2009年地方政府债券预算管理办法〉的通知》（财预〔2009〕21号），代发代还债券是指经国务院批准同意，以省、自治区、直辖市和计划单列市政府为发行和偿还主体，由财政部代理发行并代办还本付息和支付发行费的地方政府债券。其主要表现形式为国债。

2. 自发自还债券

2014年北京共发行三期政府债券，发行金额105亿元。2015年，随着地方政府债券"自发自还"政策的开展，债券发行量增多。按照资金用途和偿还资金来源，地方政府债券可分为一般债券与专项债券。一般债券是指省、自治区、直辖市政府（含经省级政府批准自办债券发行的计划单列市政府）为没有收益的公益性项目发行的、约定一定期限内主要以一般公共预算收入还本付息的政府债券；专项债券是指省、自治区、直辖市政府（含经省级政府批准自办债券发行的计划单列市政府）为有一定收益的公益项目发行的、约定一定期限内以公益性项目对应的政府性基金或专项收入还本付息的政府债券。

表4-2　　　　　　　北京市一般债券和专项债券发行情况

年份	一般债券（亿元）	一般债券增长率	专项债券（亿元）	专项债券增长率
2015	734.20	—	443.80	—
2016	601.60	-18.06%	564.80	27.26%
2017	361.70	-39.88%	708.32	25.41%
2018	328.94	-9.06%	315.91	-55.40%
合计	2026.44	—	2032.83	—

数据来源：Wind数据库和北京市财政局公布的北京市政府预决算报告。

由表4-2可知，2015~2018年北京市一般债券发行规模逐年下降，而专项债券发行规模整体呈上升趋势（2018年有所回落）。《财政部关于试点发展项目收益与融资自求平衡的地方政府专项债券品种的通知》（财预〔2017〕89号）明确提出，依法完善专项债券管理，着力发展实现项目收益与融资自求平衡的专项债券品种。在一系列政策指引下，财政部鼓励地方政府发行土地储备专项债、收费公路专项债、棚改专项债以及其他类型的项目收益类债券。上述政策的实施为北京市专项债券的增长提供了合理解释。

三、政府债券的资金来源与用途

1. 代发代还债券

中央代发代还的北京债券是以国债的形式发行，债券资金来源于购买国债的投资者。债券到期后，由中央财政统一代办偿还。北京市财政局需要足额安排用于偿还政府债券本金和利息的所需资金，及时向中央财政上缴地方政府债券本息、发行费等资金。发行债券筹集的资金主要用于地方配套以及其他难以吸引社会投资的公益性建设项目，如保障性安居工程、医疗卫生、教育文化等社会事业和基础设施项目。

2. 自发自还债券

2014年北京市政府债券纳入北京市一般公共预算，由北京市一般公共预算保障债券的偿还。在资金用途方面，以2014年为例，该年发行债券筹集的105亿元在不同项目间的分配情况如下：保障性安居工程1亿元，中央投资配套项目6亿元，社会事业项目4亿元，交通基础设施项目39亿元，资源环境项目55亿元。2015~2018年，北京市政府专项债券主要由北京市国有土地使用权出让收入、其他政府性基金收入以及车辆通行费收入等保障偿还。

2015～2018 年政府债券资金用途主要可分为基建投资、棚户区改造或保障房建设、补充营运资金和偿还有息债务。由于目前数据公开程度有限，故将除偿还债务之外的用途统称为"项目建设"。2015～2018 年北京自发自还政府债券资金用途情况如图 4-5。

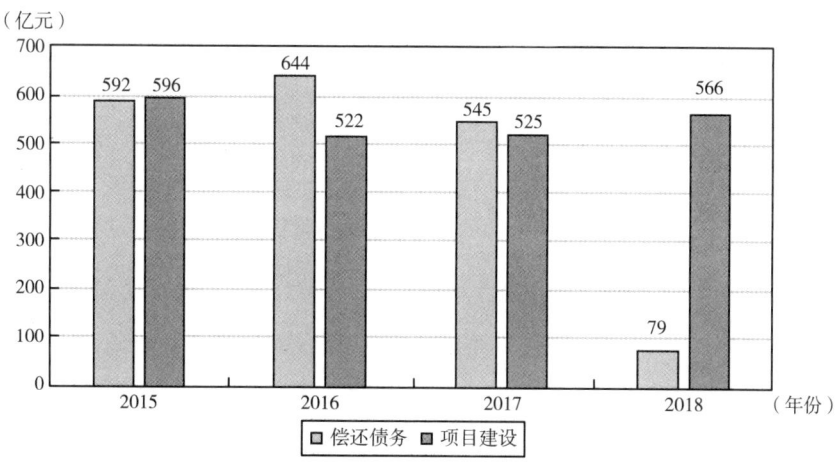

图 4-5　2015～2018 年北京自发自还债券的资金用途情况

数据来源：Wind 数据库和北京市财政局公布的北京市政府预决算报告。

由图可知，2015～2017 年用于偿还有息债务的债券比例较大，这说明"借新还旧"的情况仍大量存在。2018 年用于偿还债务的债券数量大幅减少，其他用途的债券规模变动幅度较小。

四、政府债券的可持续性分析

1. 静态指标

根据 2009～2018 年北京市政府债券数据（包括代发代还债券和自发自还债券）、北京市地区生产总值以及综合财力情况，计算得出北京市政府债券的负债率和债务率情况（见图 4-6）。

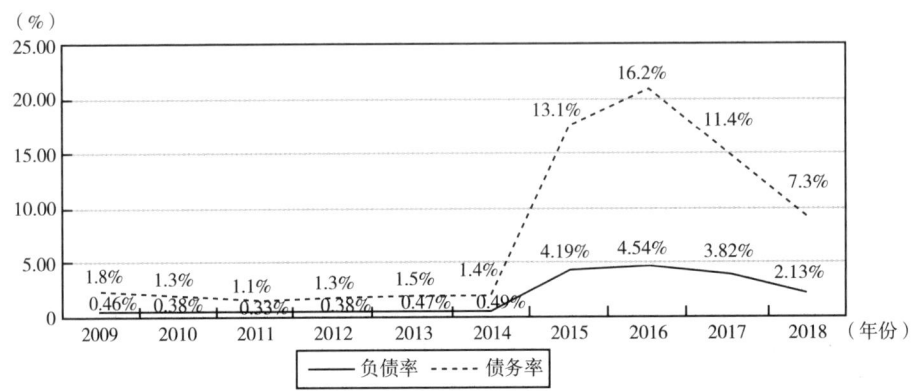

图 4-6 北京市政府债券静态指标情况

数据来源：Wind 数据库和北京市财政局公布的北京市政府预决算报告。

整体来看，北京市政府债券的负债率和偿债率远低于国际警戒线水平，可持续性较强。这主要有两方面原因：一是政府债券的发行规模有限，在北京市公共债务整体规模中占比较小；二是由于政府债券一般由公共预算收入保障偿还，其债务违约风险小。尽管如此，北京市政府债券的负债率和偿债率自 2015 年有所上升，原因是自新修订的《预算法》实施以来，地方政府借债的"正门"全面打开，北京市实施政府债券的"自发自还"，政府债券规模开始较快增长。总体而言，北京市政府债券规模在合理范围内，债务风险可控。

2. 动态指标

采用与上一节相同方法，考虑债券增长率、GDP 增长率和综合财力增长率，计算得出 2010~2018 年北京市政府债券的动态指标情况，包括长期负债能力指标和长期偿债能力指标。由图 4-7 可知，2015 年动态指标出现明显波动，其他年份相对较为平稳。这主要是由于新修订的《预算法》的实施使北京市政府债券规模大幅增加，债券增长速度于 2015 年当年出现了急剧变化，从而导致 2015 年动态指标的异常波动。

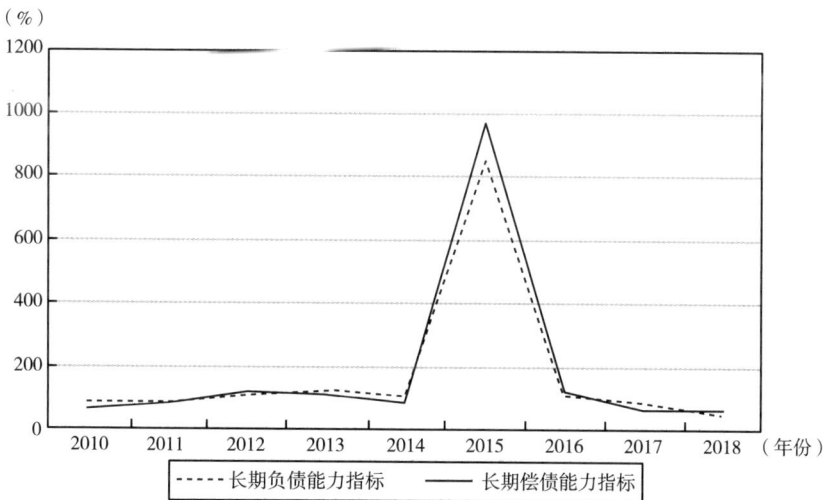

图 4-7 北京市政府债券动态指标情况

数据来源：Wind 数据库和北京市财政局公布的北京市政府预决算报告。

第四节　融资平台的存量金融债务

融资平台在地方政府融资过程中发挥着重要作用。根据融资平台在当地经济发展中的作用和地位，结合已有研究整理的融资平台新名单统计口径（徐军伟等，2019），我们重点整理了北京市 33 家融资平台的基本情况（见表 4-3）。根据表 4-3，这些代表性融资平台公司分布于北京市各区，承担的功能和涉及的行业各不相同，可见融资平台的影响范围相当广泛。

表 4-3　　　　　　　　　北京市主要融资平台基本情况

企业名称	实际控制人	所属区域	平台地位评价
北京昌鑫建设投资有限公司	北京市昌平区国资委	昌平区	昌平区两大市级投融资平台之一，是昌平区主要的基础设施建设投融资平台
北京城市副中心投资建设集团有限公司	北京市人民政府国有资产监督管理委员会		土地成片开发综合平台、公共服务供应的优化渠道、推进城乡统筹的骨干力量、授权项目建设的投融资主体
北京城市排水集团有限责任公司	北京市政府		排水和再生水设施投融资、建设、运营主体
北京广安控股集团有限公司	北京市西城区国资委	西城区	西城区保障房和棚改项目的主要主体之一
北京国有资本经营管理中心	北京市人民政府国有资产监督管理委员会		以国有资本运营和股权管理为重点，以国有资本的证券化和价值最大化为目标的市属重点骨干企业
北京华融基础设施投资有限责任公司	北京市西城区人民政府国有资产监督管理委员会	西城区	作为政府的金融街拓展实施主体，承担金融街拓展土地一级开发任务，还承担着保障房建设、政府代建等项目
北京金利源国有资产经营管理中心	北京市房山区人民政府燕山办事处	房山区	房山区重要的投融资主体和石化基地唯一的土地开发主体

续表

企业名称	实际控制人	所属区域	平台地位评价
北京金融街投资（集团）有限公司	北京市西城区人民政府国有资产监督管理委员会	西城区	国有大型综合投资集团之一，房地产开发业务是其核心主业
北京金融街资本运营中心	北京市西城区国资委	西城区	西城区内主要的土地一级开发业务和部分政府代建工程业务都由公司承担，资产重组后成为西城区国资委直属平台，区域地位突出
北京京西鑫融投资管理有限公司	北京市门头沟区国资委	门头沟区	门头沟区城市基础设施建设的重要实体
北京控股集团有限公司	北京市国资委		北京市基础设施和公用事业重要的投融资平台
北京生物医药产业基地发展有限公司	大兴区国有资产监督管理委员会	大兴区	大兴区本级公开发债两大平台之一，是大兴生物医药基地土地开发和基础设施的投建主体，主要从事大兴生物医药基地内的招商引资、土地开发及道路等基础设施项目的投资建设
北京市保障性住房建设投资中心	北京市国资委		北京市五大省级投融资平台之一，是北京市唯一的保障性住房建设投融资平台
北京市朝阳区国有资本经营管理中心	北京市朝阳区国资委	朝阳区	朝阳区唯一的基础设施建设投融资平台
北京市丰台区国有资本经营管理中心	北京市丰台区国资委	丰台区	丰台区唯一的基础设施建设投融资平台
北京市谷财集团有限公司	北京市平谷区国资委	平谷区	平谷区唯一的基础设施建设投融资平台
北京市国有资产经营有限责任公司	北京市人民政府		
北京市海淀区国有资本经营管理中心	北京市海淀区国资委	海淀区	

续表

企业名称	实际控制人	所属区域	平台地位评价
北京市基础设施投资有限公司	北京市国资委		北京市五大省级投融资平台之一，北京市唯一的轨道交通基础设施建设投融资平台
北京市石景山区国有资产经营公司	北京市石景山区国资委	石景山区	石景山区唯一的基础设施建设投融资平台
北京市首都公路发展集团有限公司	北京市国资委		北京市唯一的公路交通基础设施建设投融资平台
北京市顺义区国有资本经营管理中心	北京市顺义区国资委	顺义区	顺义区唯一的基础设施建设投融资平台
北京市文化投资发展集团有限责任公司	北京市国有文化资产监督管理办公室		
北京水务投资中心	北京市人民政府国有资产监督管理委员会		
北京天恒置业集团有限公司	北京市西城区国资委	西城区	北京市西城区政府重要的投融资主体之一，负责北京市及西城区土地整理、保障房建设、棚改及人口疏解等重要任务
北京威凯建设发展有限责任公司	北京市海淀区人民政府国有资产监督管理委员会	海淀区	
北京未来科学城发展集团有限公司	北京市昌平区国资委	昌平区	未来科技城园区唯一的基础设施建设投融资平台
北京新城基业投资发展有限公司	北京市通州区国资委	通州区	通州区唯一的基础设施建设投融资平台
北京兴展投资控股有限公司	北京市大兴区国资委	大兴区	
北京亦庄国际投资发展有限公司	北京经济技术开发区国有资产管理办公室	大兴区	
北京亦庄投资控股有限公司	北京经济技术开发区国有资产管理办公室	大兴区	

续表

企业名称	实际控制人	所属区域	平台地位评价
北京云政金融控股有限公司	北京市密云区国有资产投资经营公司	密云区	密云区唯一的基础设施建设投融资平台
中关村发展集团股份有限公司	北京市人民政府		中关村国家自主创新示范区唯一的基础设施建设投融资平台

数据来源：笔者根据新名单（徐军伟等，2019）、Wind 口径、银监会口径整理得到。

融资平台存量金融债务在北京市公共债务中比重最大，潜在债务风险不容忽视。但由于数据获取难度较大，有关融资平台存量金融债务整体测算的研究相对较少。本节从 Wind 数据库、中国货币网、中国债券信息网等渠道收集整理了 2005~2017 年北京市融资平台的存量金融债务数据①。

一、债务规模

截至 2017 年年底，北京市融资平台存量金融债务达到 21364.38 亿元；其中，短期借款 3186.68 亿元，长期借款 10383.54 亿元，应付债券 4957.94 亿元，一年内到期的非流动负债 2306.30 亿元，应付票据 529.92 亿元。图 4-8 描述了不同种类存量金融债务的比重情况。

二、债务期限结构

北京市融资平台的存量金融债务以中长期负债为主。短期借款、一年内到期的非流动负债和应付票据属于短期负债，金额为 6022.9 亿元，占比 28.19%；长期借款和应付债券属于中长期负债，金额为 15341.48 亿元，占比 71.81%。

---

① 由于 2018 年融资平台公司的审计报告尚未公开，因此融资平台的存量金融债务数据截至 2017 年。数据整理过程详见徐军伟等（2019）。

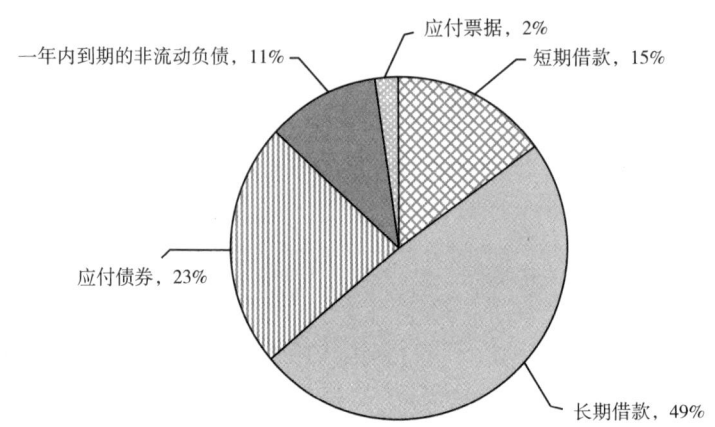

图 4-8 北京市融资平台不同类型存量金融债务占比情况

数据来源：笔者根据新名单（徐军伟等，2019）、Wind 口径、银监会口径整理得到。

三、债务资金来源与用途

融资平台不仅可以通过银行贷款和发行债券的方式融资，也可以通过"银政合作"和"捆绑贷款"等形式获得政策性贷款。偿债资金主要来源是财政预算或专项资金以及政府性基金收入。债务资金主要用于承接地方政府的城市基础设施建设任务。

四、融资平台存量金融债务的可持续性分析

1. 静态指标

根据 2005~2017 年北京市融资平台的存量金融债务、GDP 以及综合财力情况，计算得出北京市政府融资平台存量金融债务的静态指标情况。由图 4-9 可知，北京市融资平台存量金融债务的负债率和债务率均呈逐年上升趋势，这说明随着存量金融债务规模不断扩大，国民经济和综合财力对融资平台债务的承载能力下降，债务风险逐渐显现，融资平台存量金融债务的

可持续性不断降低。

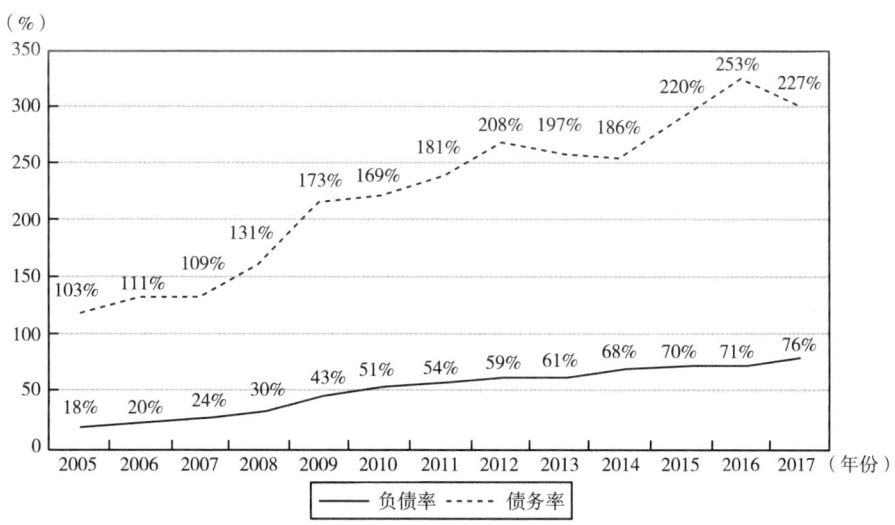

图 4-9 北京市融资平台存量金融债务静态指标情况

数据来源：笔者根据新名单（徐军伟等，2019）、Wind 口径、银监会口径整理得到。

2. 动态指标

从图 4-10 可知，北京市融资平台存量金融债务的长期负债能力指标平均水平达到 113%，债务增长速度高于 GDP 增长率。长期来看，GDP 对存量金融债务的承载能力降低。长期偿债能力指标平均水平为 108%，波动较大，并且由于综合财力增速下降，2015~2016 年指标明显提高，这显示出存量金融债务增速过快导致综合财力的长期偿债能力下降。

同时，由图 4-10 可知，2009 年北京市融资平台存量金融债务的长期负债能力指标和长期偿债能力指标均达到一个峰值水平。这主要是由于为应对国际金融危机，我国推出"四万亿"经济刺激计划。在此背景下，融资平台成为地方政府筹集资金的重要手段，这导致 2009 年融资平台的存量金融债务增长率快速提高。

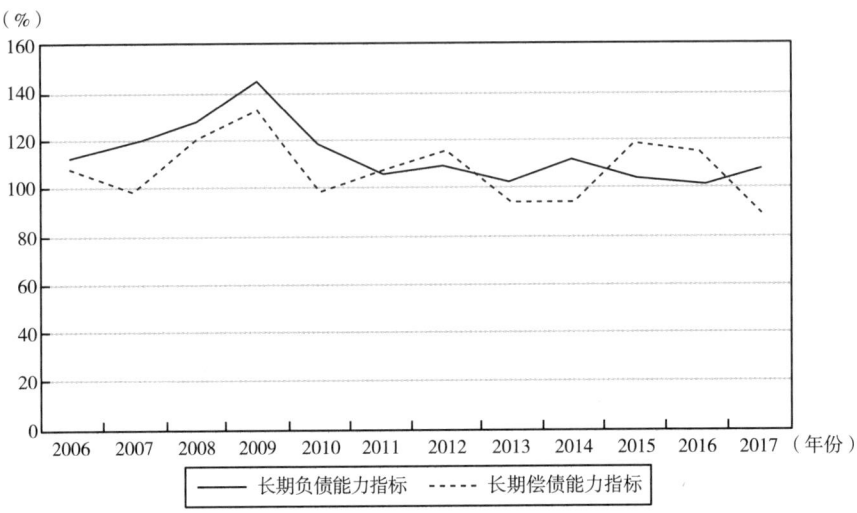

图 4-10　北京市融资平台存量金融债务动态指标情况

数据来源：笔者根据新名单（徐军伟等，2019）、Wind 口径、银监会口径整理得到。

第五节　城投债

一、债务规模

融资平台通过发行城投债为地方政府筹集了大量建设资金，也迅速推高了其债务规模。2005～2017年北京市累计发行城投债5274.4亿元①。由图4-11可知，城投债分别于2009年和2014年出现快速增长现象。

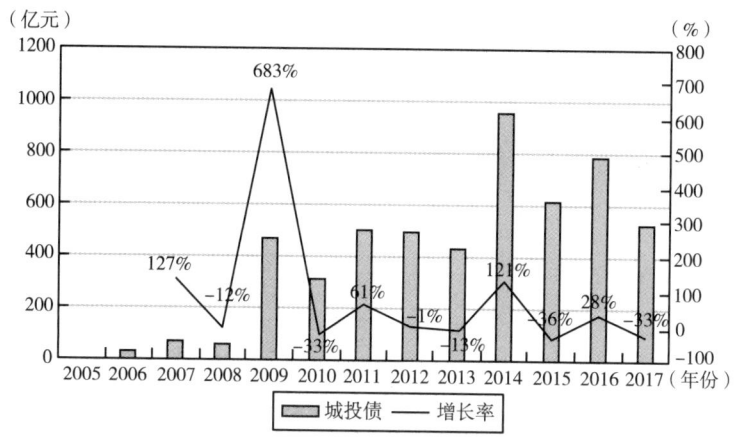

图4-11　2005～2017年北京市城投债发行规模

数据来源：笔者根据新名单（徐军伟等，2019）、Wind口径、银监会口径整理得到。

具体地，2009年城投债发行金额为470亿元，是2008年发行规模的6.83倍。这主要是由于国务院办公厅《关于当前金融促进经济发展的若干意见》（国办发〔2008〕126号）鼓励扩大债券发行规模，积极发展企业债

---

① 2005年北京未发行城投债，为保持与融资平台的存量金融债务的时间范围一致，故此处城投债时间为2005～2017年。

等债务融资工具，对融资平台公司产生了明显利好。此外，2009年3月，央行和原银监会联合发声支持有条件的地方政府组建投融资平台，融资平台公司迎来发展的"黄金时期"。2014年，北京市城投债发行金额为959亿元，增长率高达121%。这一时期城投债的急速扩张，主要是因为国务院《关于加强地方政府性债务管理的意见》（国发〔2014〕43号）提出"抓紧将存量债务纳入预算管理"，为充分利用预算收入偿还债务，融资平台公司加速推进借债融资业务。

二、城投债结构

近几年，北京市融资平台将进入偿债高峰期，到期债务金额大。从2006~2017年债券发行期限来看，5年期的城投债发行规模最大，3年期、1年期和1年以内规模次之（见图4-12），5年期以下（包括5年期）占比高达81.74%。由此可见，北京市城投债的期限结构以中短期债券为主，这加大了融资平台的偿债压力。2019~2021年是北京市融资平台公司债务相对集

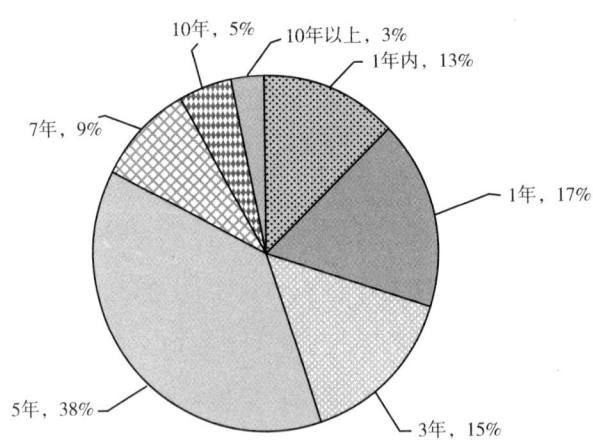

图4-12　2005~2017年北京市城投债的期限结构

数据来源：笔者根据新名单（徐军伟等，2019）、Wind口径、银监会口径整理得到。

中到期的时间段,到期债务金额达到 1423.65 亿元,占比约为 27%。虽然近 3 年偿债压力较大,但由于发行人主体信用评级较高①,北京市融资平台债务风险仍在合理可控范围内。

三、城投债的资金来源与用途

城投债是北京市融资平台存量金融债务的重要组成部分,其偿债资金与北京市融资平台存量金融债务的偿债资金来源相一致,即由财政预算、专项资金、政府性基金收入进行偿还。

结合图 4 – 13,从城投债资金用途来看,债券募集资金优先用于偿还有息债务和补充营运资金,债券金额分别为 1546.72 亿元、1537.96 亿元;其次用于基建投资,债券金额为 1089.06 亿元;用于棚户区改造或保障房建设的债券金额为 282.06 亿元。剩余部分债券资金具体用途不明确。

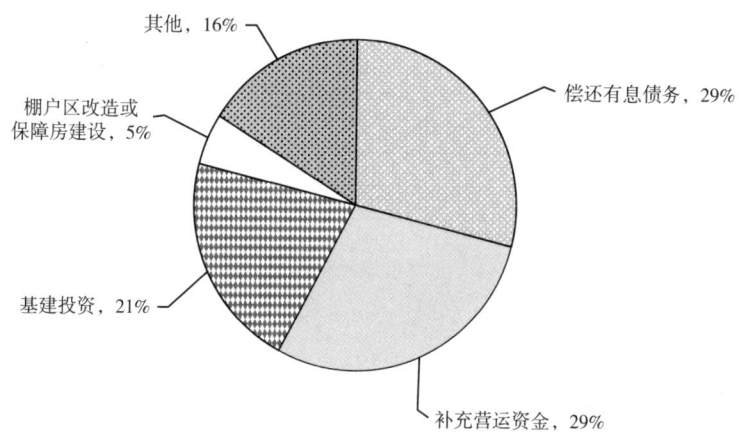

图 4 – 13　2005~2017 年北京市城投债资金用途

数据来源:笔者根据新名单(徐军伟等,2019)、Wind 口径、银监会口径整理得到。

---

① 发行人主体信用评级达到 AAA 级的债券占北京市城投债总体规模的 68.21%,主体信用最低评级为 AA – 且该类发行主体的债务发行额仅为 7 亿元,并采取了相应的增信措施。

四、城投债的可持续性分析

1. 静态指标

根据 2005~2017 年北京市城投债规模、地区生产总值以及综合财力的情况，计算出北京市城投债的静态指标情况，见图 4-14，北京城投债的负债率和债务率均处于合理范围内，偿债压力和违约风险相对较小，总体债务风险可控。

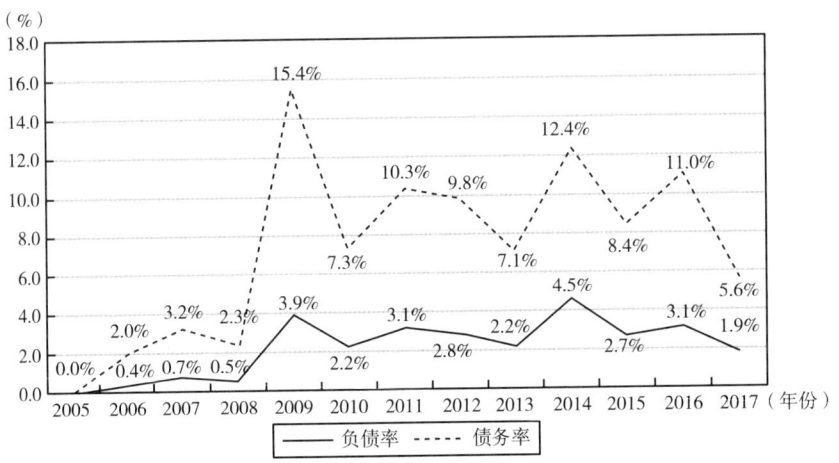

图 4-14 北京市城投债静态指标情况

数据来源：笔者根据新名单（徐军伟等，2019）、Wind 口径、银监会口径整理得到。

2. 动态指标

根据北京城投债增长率、GDP 增长率以及综合财力增长率的情况，计算出 2007~2017 年北京市城投债的动态指标情况。整体来看，由于城投债主要用于城市基础设施建设或公益性项目，每年发行规模不稳定，导致其动态指标波动较大，不利于债务的可持续发展（见图 4-15）。

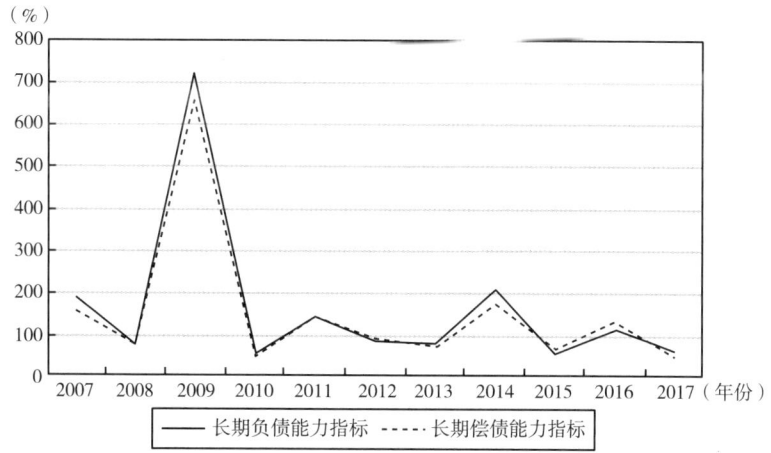

图 4-15　北京城投债的动态指标情况

数据来源：笔者根据新名单（徐军伟等，2019）、Wind 口径、银监会口径整理得到。

第六节　北京市连带隐性债务

北京市作为我国首都，经济发展处于领先水平，主要经济指标处于全国各省（自治区、直辖市）前列。2018年，全市实现地区生产总值30320亿元，比去年增长6.6%；按常住人口计算，全市人均地区生产总值为14万元[①]，对其他地区的经济辐射力强。同时，北京市金融业发达，全国24家中央金融企业中，有23家总部设在北京市（包括四大国有商业银行、三大政策性银行、四大资产管理公司、五大保险公司等）。此外，北京市金融街和CBD集聚了多家国内外知名金融机构。优越的金融条件为其他省份融资平台向北京市金融机构融资提供了便利。

如前文所述，本书将北京市的连带隐性债务定义为：除北京市以外的其他省份的融资平台通过北京市政府所有的金融机构进行融资，由此产生的违约风险给北京市政府带来的连带债务。具体识别策略如下所述。第一步，从国务院国有资产监督管理委员会以及北京市各区县地方政府网站公开信息中搜集北京市政府所属金融机构名单。第二步，根据企业年报信息，识别北京市所属金融机构为外省融资平台提供的资金情况，以此测算连带隐性债务规模。第三步，根据企业年报信息，逐层识别金融机构的实际控制人和各区级政府以及市政府的股权占比情况，据此测算出每家金融机构的连带隐性债务分别由各区县所承担的份额。

由于北京市所属金融机构公开的企业年报等信息有限，我们以北京首创融资担保有限公司（以下简称"首创担保"）为例，分析其2009～2016年对除北京市以外省份的融资平台的投资情况。北京首创融资担保有限公司成立

[①]　数据来源：《北京市2018年国民经济和社会发展统计公报》。

于1997年，注册资本金100230.8万元，股东情况如表4-4所示。该公司受托管理北京市中小企业担保资金等担保资金，2016年资产总规模达到47.5亿元。首创担保已成为北京市乃至全国担保行业中的领军企业，稳固占据着北京市中小企业担保主渠道地位，获评全国担保行业信用等级最高级AAA级，以及资本市场信用评级AA+。根据该公司2009~2016年企业年报，本书整理出首创担保对其他省份融资平台的投资情况：投资总规模达178867万元，主要用于购买公司债券、信托产品等。根据表4-4中首创担保股权关系，可以判断出：一旦发生严重债务违约情况，在178867万元连带隐性债务中，北京市政府可能需要承担93.27%的经济损失，即损失金额达166829万元；东城区、平谷区、西城区和昌平区可能需要承担的经济损失分别为5241万元、2433万元、2182万元和876万元。

从投资地区来看，首创担保的连带隐性债务以东部省份为主，投资规模为94660万元；其次是西部地区，投资规模47382万元；东北部、中部的省份投资规模最少，分别为18681万元和18144万元[①]（见图4-16）。东部省份经济发达，财政实力较强，有较为稳定的偿债基础，因此，首创担保倾向于投资该地区。同时，首创担保为响应国家西部大开发战略，促进区域协调发展，选择性地将资金向西部地区倾斜。

北京市所属金融机构为外省融资平台提供资金的现象并非个例。例如，在北京国际信托有限公司《2016年年度报告摘要》中提到，公司深挖政信项目内涵，在江苏省、安徽省、福建省、四川省等地成功落地多个优质项目，同时发挥自身优势，服务推进京津冀协同发展，设立200亿元的京津冀基础设施建设产业基金；北京市农业融资担保有限公司《2016年年度报告》显示，当年对外省融资平台至少投资19315万元。由此可见，北京市的连带隐性债务风险不容小觑。

---

① 根据国家统计局对我国东部、东北、中部和西部地区分类标准，确定各省份归属哪类地区。

表4-4　北京首创融资担保有限公司的实际控制人情况

金融机构名称	直接股东D	与北京市政府、区政府有关的投资金额（万元）	政府有关股权占比（%）	穿透后与市政府有关的直接股东及穿透后的最终股东	投资金额（万元）	股权占比（%）	实际控制人	政府所有权比例（%）
北京首创融资担保有限公司	北京首都创业集团有限公司	71900.0	71.73	北京市人民政府	330000	100	北京市人民政府	市政府占比93.27；东城区占比2.93；平谷区占比1.36；西城区占比1.22；昌平区占比0.49
	北京市国有资产经营有限责任公司	21590.5	21.54	北京市人民政府	1000000	100	北京市人民政府	
	北京市崇信担保中心	2940.0	2.93	北京市东城区财政局	1000	100	东城区人民政府	
	北京市谷财集团有限公司	1360.0	1.36	平谷区国资委	80000	100	平谷区国资委	
	北京华远担保有限公司	1225.3	1.22	北京市华远集团有限公司	6000	100	西城区国资委	
	北京昌鑫建设投资有限公司	490.0	0.49	昌平区国资委	775814.3	100	昌平区国资委	

数据来源：北京首创融资担保有限公司发布的年报。

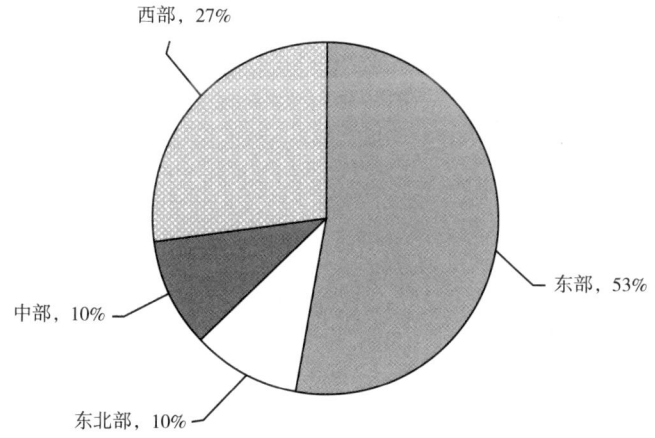

图 4 – 16　首创担保对外省融资平台投资的地区分布情况

数据来源：北京首创融资担保有限公司的年报。

第七节 北京市公共债务特征

根据上述对北京市公共债务的规模测算和现状分析，并结合已有文献，笔者将北京市公共债务的主要风险特征总结如下。

一、债务规模大、增速快

截至 2017 年年底，北京市公共债务总规模（包括政府债券和融资平台存量金融债务）高达 25208.80 亿元。而且，近 10 年来，债务增长率每年均超过 10%（见图 4-1），负债率和债务率均呈上升趋势，长期负债能力指标和长期偿债能力指标比率较高。这充分说明，北京市公共债务规模已经较高且仍在持续较快增长，国民经济和综合财力等经济指标的债务耐受力承受的压力日益增大，债务风险随之逐步加重。

二、北京市公共债务与多种类型国有资产高度关联

第一，北京市公共债务高度依赖土地出让收入。北京市政府不仅可以通过出让土地直接获取城市基础设施建设资金，而且可以通过土地抵押从银行获得贷款或依托土地储备项目发行债券，由此形成各类公共债务。以 2017 年北京市土地储备专项债券为例，当年北京市公开发行土地储备专项债券的存续规模高达 90 亿元，其本息偿还资金均来源于对应地块的国有土地使用权出让收入。第二，北京市公共债务高度依赖基础设施、棚户区相关资产。北京市政府将基础设施或棚户区改造工程交于融资平台公司代建，融资平台可就相关资产进行质押或抵押，从而获得贷款。从 2005～2017 年北京市城投债数据来看（见图 4-13），用于基建投资和棚户区改造或保障房建设的

债券资金达 1371.12 亿元,占全部资金的 30.77%。

三、隐性债务风险不容忽视

隐性债务作为地方公共债务的重要组成,容易游离于政府会计核算和预算约束之外,监管难度较大。严格来说,隐性债务是指 2014 年年底经债务甄别后未纳入地方政府存量债务,但仍有可能由地方政府负有偿还责任或救助责任的债务,以及 2015 年及以后新增的事业单位、融资平台公司的非市场化债务。虽然国家出台了一系列政策法规加强地方公共债务的管理,但地方政府举债的"后门"仍未关严,国家审计署公布的《2017 年第四季度国家重大政策措施落实情况跟踪审计结果》也证实了隐性债务的存在[①]。笔者以 2015~2017 年融资平台存量金融债务作为北京市隐性债务的衡量指标,发现隐性债务金额分别为 16137.10 亿元、18189.18 亿元、21364.38 亿元,北京市的隐性债务规模呈逐年上升趋势。

与此同时,连带隐性债务风险同样值得关注。通过对首创担保 2009~2016 年企业年报的识别与整理,我们发现该公司对外省融资平台投资规模高达 178867 万元;而且,种种证据表明,这一现象并非首创担保这一家金融机构的个例。北京市政府所有的金融机构数量较多、公司规模较大,由此,可合理推测:连带隐性债务规模足应引起重视。此外,由于连带隐性债务的表现形式更加隐蔽且缺乏必要信息披露机制,难以引起政府及其他部门对该项债务风险的警惕与预防,一旦外省融资平台出现风险事件会连带影响北京市,容易导致北京市金融机构资金紧张,甚至诱发系统性风险。

---

① 《2017 年第四季度国家重大政策措施落实情况跟踪审计结果》(国家审计署 2018 年第 2 号公告)提到"5 个省份的 6 个市县通过违规出具承诺函、融资租赁、签订工程类政府购买服务协议等方式变相举债,形成政府隐性债务 154.22 亿元"。

四、绿色债券发行规模不断扩大

近年来,绿色发展理念深入人心。党的十九大报告明确将"发展绿色金融"作为推动我国绿色发展的方式之一。绿色债券是一种适合为中长期、有稳定现金流的绿色项目进行直接融资的金融工具,能够有效降低绿色项目融资成本,改善期限错配带来的"融资难、融资贵"等问题(绿色金融工作小组,2015;林梦瑶,2018),因此成为构建绿色金融体系的重点领域。

我国的绿色债券自2015年开始发展,融资平台自2016年开始参与到绿色债券市场中。具体来看,以北京市基础设施投资有限公司为例,该融资平台公司2018年共发行3只绿色债券,债券金额达60亿元。随着环保意识不断增强,绿色发展持续受到人们的关注,绿色债券的发展前景广阔。此外,沪深交易所在2019年年初的窗口指导中放松了融资平台发行公司债的申报条件,即对于到期债务6个月内的债务,以借新还旧为目的发行公司债,放开政府收入占比50%的上限限制。随着相关政策逐步放宽,我们有理由相信未来北京市融资平台的绿色债券发行量会持续扩大,为北京市的经济转型和生态文明建设做出重要贡献。

第五章
北京市公共债务的形成机制分析
——基于财政压力视角

导致我国地方公共债务扩张的因素有很多,其中财政分权等因素产生的财政压力是地方公共债务快速膨胀的制度性根源。因此,本章聚焦于由财政分权等原因造成的财政压力对地方公共债务的影响。我们以2008年企业所得税改革("两税合一")作为地方政府财政压力变化的准自然实验,利用2005~2013年北京市全口径债务数据及其他相关数据,采用双重差分方法进行实证分析。

研究发现:(1) 2008年企业所得税改革使得地方政府财政压力增大,进而刺激地方公共债务的扩张,即财政压力增加10%,人均地方公共债务增长34.66%;(2)上述效应具有滞后性与持续性,债务扩张效应从税改第二年(即2009年)开始显著表现,且该效应在之后数年内持续存在;(3)通过平行趋势检验、扩大样本时间跨度和安慰剂检验等一系列稳健性检验,证实上述效应确由2008年企业所得税改革引起,而非其他因素导致;(4)异质性分析表明,在第二产业基础薄弱的地区和财政自给率较高的地区,财政压力的债务扩张效应更加显著。

本章的研究结论为深刻认识地方公共债务扩张内在机制提供了基于北京市等特定地区的可靠证据。①

---

① 本章部分内容已发表,详见毛捷、韩瑞雪、徐军伟,"财政压力与地方政府债务扩张——基于北京市全口径政府债务数据的准自然实验分析",《经济社会体制比较》,2020年第1期。

第五章　北京市公共债务的形成机制分析——基于财政压力视角

第一节　基于财政压力的理论假说

财政分权是中国经济发展历程中一项重要举措。自1994年分税制改革以来，中央政府上收财权，而地方政府的财政支出责任并未明显减少，这种"财权上收，事权下放"的体制使地方政府资金缺口扩大，财政压力不断增加。

与此同时，2008年我国企业所得税进行了全面改革，其中最重要的是税率和税收优惠政策的调整。外资企业在税改之前适用《中华人民共和国外商投资企业和外国企业所得税法》，享受多项税收优惠，实际税率明显低于内资企业，税改提高了外商企业的企业所得税率。而且，此次税改充分考虑了政策的连续性，对享受优惠的外资企业及地区给予过渡性政策，避免外商企业的所得税税负骤然提高。内资企业的企业所得税由33%下降到25%，税率明显降低。此外，税收优惠政策也由以"区域优惠为主"转变为以"产业优惠为主，区域优惠为辅"，针对基础设施、资源综合利用、节能节水以及科技发展等领域实施多项税收优惠政策[1]。

企业所得税改革导致企业的所得税税负减轻（内资企业税率下降、内外资所得税优惠增强），地方政府的财政压力进一步增大。在财政压力不断加剧的背景下，如何快速筹集所需资金成为地方政府必须攻克的难关。地方政

---

[1] 具体文件包括但不限于：《财政部、国家税务总局关于企业所得税若干优惠政策的通知》（财税〔2008〕1号）、《公共基础设施项目企业所得税优惠目录（2008年版）》（财税〔2008〕116号）、《财政部、国家税务总局、国家发展改革委关于公布资源综合利用企业所得税优惠目录（2008年版）的通知》（财税〔2008〕117号）、《关于公布节能节水专用设备企业所得税优惠目录（2008年版）和环境保护专用设备企业所得税优惠目录（2008年版）的通知》（财税〔2008〕115号）、《关于公布〈安全生产专用设备企业所得税优惠目录（2008年版）〉的通知》（财税〔2008〕118号）、《关于印发〈高新技术企业认定管理办法〉的通知》（国科发火〔2008〕172号）。

府获取资金的方式主要包括增加其他税种的税收收入、土地出让金、举借债务。然而，税收具有固定性，加征税收需要政策法规的支持，而且近来我国秉持减税降费的理念，让利于民，因此通过增加税收来筹集资金相对困难。土地出让金依赖于有限的土地资源，加之国家调控房价，土地出让收入的增长受到限制。综合以上考虑，大量举债成为地方政府应对资金短缺的一种必然选择。

此次改革为实证研究财政压力与地方举债的内在关联提供了难得的准自然实验机会，机理如下：企业所得税改革导致企业的所得税税负减轻，地方政府财政压力增大，地方政府可能更多地通过举债筹集资金，进而刺激地方公共债务规模扩张。

此外，2008年企业所得税法中不少条文只规定了总体原则与框架，"税收优惠"等内容的具体实施细则需要"由国务院财政部门、税务主管部门规定"。在实际操作中，税改的配套政策和措施主要是在2009年才出台与完成①。图5-1展示了北京2006~2013年企业所得税增长率变化情况。可以看出，2009年企业所得税收入增长率出现明显下降，比上年减少18%。这说明企业所得税改革具有明显的滞后性。因此，税改的滞后性会表现为由此产生的财政压力对地方公共债务影响的滞后性。

综合以上分析，提出如下研究假说：2008年企业所得税"两税合一"改革加大了地方政府财政压力，进而刺激地方公共债务增长，并且上述影响具有滞后性。

---

① 例如，原甘肃国税局在《2009年上半年企业所得税政策调整盘点》一文中明确提出，"为保证《企业所得税法》及其实施条例的平稳运行，2009年1~6月，财政部、国家税务总局下发了关于企业所得税方面的文件共40余个"，其中涉及企业所得税优惠政策等内容的重大调整。

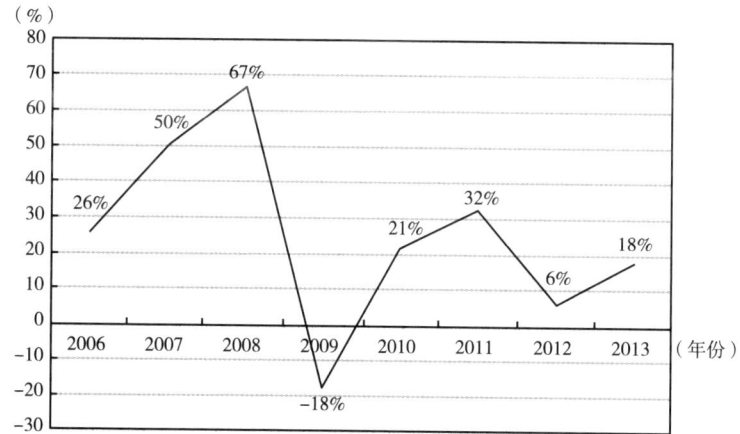

图 5-1 北京市企业所得税收入增长率变化情况

数据来源：历年《北京区域统计年鉴》。

第二节　变量与数据说明

一、数据来源

本章使用的北京市公共债务数据来源于 Wind 数据库、中国货币网、中国债券信息网、上海证券交易所、深圳证券交易所、中国银行间市场交易商协会以及北京市财政局公布的北京市政府预决算报告①，其余数据来自北京市统计局公开的《北京区域统计年鉴》《北京市国民经济和社会发展统计公报》。样本时间跨度为 2005~2013 年。

二、北京市公共债务

在研究财政压力对地方公共债务的影响之前，首先需要明确地方公共债务统计口径。延续前述章节的分析框架，本章采用毛捷和徐军伟（2019）对地方公共债务的定义以及统计口径，将北京市公共债务主要分为以下两类：政府债券和融资平台的存量金融债务。其中，政府债券包括 2009~2013 年财政部代发代还的北京市债券和 2014~2017 年北京市自发自还的政府债券；融资平台的存量金融债务主要包括短期借款、长期借款、应付债券、一年内到期的非流动负债和应付票据。由于目前对连带隐性债务进行全面测算存在较大困难，这里未考虑连带隐性债务。此外，为获得区县级面板数据，由于公共债务主要用途为投资基础设施建设，故按照各区县固定资产投资的比重

---

① 本章使用徐军伟、毛捷和管星华（《中国地方政府隐性债务再认识》，工作论文，2019 年）建立的新口径地方公共债务数据中有关北京市的数据。该套数据修正了 Wind 数据库对公共债务数据处理中存在的不足（包括数据缺失、融资平台公司遗漏等）。

将北京市公共债务总额划分到各区县。

由于选用2008年企业所得税"两税合一"改革这一事件作为准自然实验，为了准确分析该项改革产生的效应，样本数据的时间跨度距离改革前后不宜太久远，因此以2005~2013年北京市公共债务数据进行基准回归，后续稳健性检验里考虑了2005~2017年的数据。模型的被解释变量为北京市公共债务规模，具体衡量指标包括以下五类：

（1）使用人均城投债规模来衡量，并取对数以解决模型中可能存在的非线性影响，用$lnrjcid_{i,t}$表示。

（2）人均债券规模＝（城投债＋政府债券）/总人口，再取对数，用$lnrjbond_{i,t}$表示。

（3）人均非债券类债务规模＝（地方公共债务总额－城投债－政府债券）/总人口，再取对数，用$lnrjbond0_{i,t}$表示。

（4）使用人均地方公共债务总额的对数值来衡量，用$lnrjdebt_{i,t}$表示。

（5）稳健性检验中以负债率来衡量北京市公共债务规模的变化，负债率＝北京市公共债务总额/GDP，用$debtgdp_{i,t}$表示。

三、财政压力指标

计量模型的主要解释变量为2008年企业所得税改革引起的财政冲击对地方公共债务的影响。借鉴已有文献（陈晓光，2016），我们采用以下方法度量该项改革引起的区县财政冲击：

$$Fishock_i = \frac{Cor\_Inc\_Tax_{i,2005-2007}}{Rev_{i,2005-2007}} - \frac{Cor\_Inc\_Tax_{i,2008-2013}}{Rev_{i,2008-2013}} \quad (5.1)$$

其中，$Cor\_Inc\_Tax_{i,2005-2007}$和$Cor\_Inc\_Tax_{i,2008-2013}$分别表示税改之前与之后的企业所得税收入，$Rev_{i,2005-2007}$和$Rev_{i,2008-2013}$分别表示税改之前与之后的一般财政预算收入。$Fishock_i$数值越大，企业所得税改革引起的财政压力越大。

四、控制变量

控制变量包括如下四种。

（1）经济发展水平（lnrjgdp），采用人均实际 GDP 的对数值进行衡量。庞晓波和李丹（2015）研究发现，地方公共债务风险在一定程度上受经济景气状况的影响。

（2）城镇化水平（$urban_{i,t}$），采用城镇就业人口占北京市总人口的比重进行衡量。庄佳强和陈志勇（2017）提出，城镇化高速发展的阶段往往是地方公共债务的凸显期。

（3）人口密度的对数值（$lnpop_{i,t}$）。陈菁和李建发（2015）认为人口密度越高的地区，事权相应越多越可能刺激地方公共债务的增长。

（4）固定资产投资额占 GDP 的比重（$investgdp_{i,t}$）。该指标一定程度上反映了地方政府的投资需求，预期该指标会促进地方债务规模扩张。

第三节 计量模型设定

由于不同地区的经济发展水平、社会政治状况等存在差异，2008年企业所得税改革导致不同地区面临的财政压力也各不相同，利用财政压力的差异进行对比研究，能够更好地识别财政压力的债务扩张效应。因此，本章的实证研究方法是利用2008年企业所得税改革这一事件作为准自然实验，使用强度双重差分方法①进行实证研究。实证模型如下：

$$y_{i,t} = \theta \times Post_t \times Fishock_i + \alpha_t + \beta_i + \gamma X_{i,t} + \mu_{i,t} \tag{5.2}$$

其中，$y_{i,t}$为被解释变量，下标i、t分别表示区县和年份。$Post_t$为年份虚拟变量，由于企业所得税新税法是在2008年1月1日实施，所以当t>2007年时，$post_t$取值为1，否则取值为0。$Fishock_i$表示企业所得税改革引起的财政冲击（即强度变量），由（5.1）式进行定义。α_t、β_i分别表示时间固定效应和个体固定效应。$X_{i,t}$表示区县i在第t年的各种特征，具体包括城镇化率、人口密度和固定资产投资情况。θ为待检验和待估计参数。

前述分析认为，企业所得税改革会加大地方政府的财政压力，进而刺激地方公共债务的增长，所以预期θ应为正值。主要变量的描述性统计参见表5-1。

---

① 强度双重差分法是指将传统的政策变化哑变量与相关变量（又称"强度变量"）进行交互，该交互项的回归系数反映的是政策变化对受政策影响程度较强对象的影响与受政策影响程度较弱对象的影响之间的差异，这种差异即为该政策变化带来的影响。相关文献包括但不限于Lu和Yu（2015）、陈晓光（2016）、Chen（2017）、谢贞发等（2017）。

表 5-1　　　　　　　　　　主要变量的描述性统计

变量	含义	样本数	均值	标准差	最小值	最大值
lnrjcid	人均城投债，取对数	144	6.084	2.410	0	8.506
lnrjbond	（城投债+政府债券）/总人口，取对数	144	6.162	2.460	0	8.648
lnrjbond0	（地方公共债务总额−城投债−政府债券）/总人口，取对数	144	9.965	0.817	8.260	11.757
lnrjdebt	地方公共债务总额/总人口，取对数	144	10.008	0.834	8.278	11.801
cidgdp	城投债规模/GDP	144	0.032	0.033	0	0.126
bondgdp	（城投债+政府债券）/GDP	144	0.036	0.038	0	0.141
bond0gdp	（地方公共债务总额−城投债−政府债券）/GDP	144	0.695	0.553	0.056	3.061
debtgdp	地方公共债务总额/GDP	144	0.731	0.587	0.056	3.197
urban	城镇化率	144	0.669	0.248	0.242	1.000
lnpop	人口密度取对数	144	7.298	1.790	4.942	10.848
investgdp	固定资产投资额/GDP	144	0.714	0.411	0.074	2.250
fis_suf	财政自给率=一般财政预算收入/一般财政预算支出	144	0.560	0.328	0.127	1.454
lnrjgdp	GDP/总人口，取对数	144	10.646	0.669	9.542	12.311
lnrjse	第二产业生产总值/总人口，取对数	144	8.422	2.930	−0.512	10.934
defgdp	财政赤字/GDP	144	0.144	0.152	−0.036	0.735

第四节 实证结果及稳健性检验

一、基准回归

利用（5.2）式实证检验2008年企业所得税改革产生的财政压力对北京市公共债务的影响，回归结果见表5-2。从表5-2中可以看出，无论使用城投债、政府债券、非债券类债务以及地方公共债务总额等指标来衡量北京市公共债务规模的变化。实证结果均表明，2008年企业所得税改革对北京市公共债务规模的效应为正值，且在1%水平上显著。这表明2008年企业所得税改革的确使得地方政府通过扩大债务规模来筹集资金。从第（4）列回归结果来看，2008年企业所得税改革使得财政压力每增加10%，北京市人均地方公共债务水平平均增长34.66%。

其他控制变量的回归结果如下。

（1）经济发展水平、人口密度和固定资产投资占比与地方公共债务呈现显著正相关。经济发展水平越高，一方面社会公众对地方政府提供公共服务的需求较多，另一方面地方政府举债能力较强，因此债务水平也较高。人口密度越大，提供各类公共服务（包括基建等）的规模经济越明显，政府举债激励较强。固定资产投资主要是资本性支出，适合借助举债方式筹资。

（2）城镇化率与地方公共债务水平负相关，但由于不显著，故不作赘述。

表5-2　　　　　　　财政压力对北京市公共债务的影响

解释变量	被解释变量			
	(1)	(2)	(3)	(4)
	lnrjcid	lnrjbond	lnrjbond0	lnrjdebt
post * fishock	4.762 *** (0.842)	4.762 *** (0.842)	3.466 *** (0.626)	3.466 *** (0.626)
lnrjgdp	0.882 *** (0.140)	0.882 *** (0.140)	0.930 *** (0.104)	0.930 *** (0.104)
urban	0.0534 (0.356)	0.0539 (0.356)	-0.0327 (0.265)	-0.0327 (0.265)
lnpop	0.717 *** (0.119)	0.717 *** (0.119)	0.660 *** (0.088)	0.660 *** (0.088)
investgdp	0.798 *** (0.078)	0.798 *** (0.078)	1.014 *** (0.058)	1.014 *** (0.058)
常数项	-17.89 *** (2.265)	-17.90 *** (2.265)	-9.024 *** (1.684)	-9.024 *** (1.684)
个体固定效应	Y	Y	Y	Y
时间固定效应	Y	Y	Y	Y
R-squared	0.9966	0.9967	0.9818	0.9826
观察次数	144	144	144	144

注：*、**、*** 分别表示在10%、5%和1%水平上显著；括号内为稳健标准误。

二、稳健性检验

1. 财政冲击指标的合理性检验

为验证由2008年企业所得税"两税合一"改革引起的财政冲击是否能够有效衡量财政压力，我们采用财政自给率①作为被解释变量，"post * fishock"作为主要解释变量，在（5.2）式的基础上进行实证检验，回归结

---

① 财政自给率 = 一般财政预算收入/一般财政预算支出。

果如表 5-3。由表 5-3 可知，财政冲击的指标（post * fishock）与财政自给率呈现显著的负向关系，表明 2008 年企业所得税改革的确加重了地方政府财政压力，财政冲击指标设置合理。

表 5-3　　　　　　　　财政冲击指标的合理性检验

解释变量	被解释变量（fis_suf：一般财政预算收入/一般财政预算支出）			
	（1）	（2）	（3）	（4）
post * fishock	-0.604 ** (0.258)	-0.731 *** (0.251)	-0.757 *** (0.254)	-0.756 *** (0.256)
lnrjgdp	0.119 *** (0.039)	0.139 *** (0.038)	0.154 *** (0.042)	0.154 *** (0.043)
urban		0.257 *** (0.080)	0.200 * (0.107)	0.200 * (0.108)
lnpop			0.0291 (0.036)	0.029 (0.036)
investgdp				-0.001 (0.024)
常数项	-0.435 (0.437)	-0.890 ** (0.444)	-1.306 * (0.680)	-1.304 * (0.689)
个体固定效应	Y	Y	Y	Y
时间固定效应	Y	Y	Y	Y
R-squared	0.2829	0.3404	0.3441	0.3441
观察次数	144	144	144	144

注：*、**、*** 分别表示在 10%、5% 和 1% 水平上显著；括号内为稳健标准误。

2. 替换核心变量

改用负债率（地方公共债务/GDP）衡量北京市公共债务水平，并改用财政赤字占 GDP 的比重衡量财政压力，仍使用（5.2）式进行财政压力的债务效应检验，结果见表 5-4。由表 5-4 可知，替换核心变量后，财政压力所具有的债务扩张效应仍然存在，且在 1% 水平下显著。

表 5-4　财政压力债务效应的稳健性检验（替换核心变量）

解释变量	被解释变量			
	(1)	(2)	(3)	(4)
	cidgdp	bondgdp	bond0gdp	debtgdp
defgdp	0.127*** (0.032)	0.148*** (0.036)	1.818*** (0.471)	1.965*** (0.500)
其他控制变量	Y	Y	Y	Y
个体固定效应	Y	Y	Y	Y
时间固定效应	Y	Y	Y	Y
R-squared	0.8388	0.8432	0.8374	0.8385
观察次数	144	144	144	144

注：*、**、***分别表示在10%、5%和1%水平上显著；括号内为稳健标准误。

3. 平行趋势检验

对照组和实验组之间存在平行趋势，是使用双重差分模型的一个重要前提。因此，我们对财政压力的债务效应进行如下检验：

$$y_{i,t} = \sum_{j=2005}^{2013} \theta_j \times Fishock_i \times year_t^j + \alpha_t + \beta_i + \gamma X_{i,t} + \mu_{i,t} \quad (5.3)$$

在模型（5.3）中，$year_t^j$表示年份的虚拟变量，j 分别取值为 2005~2013 年。t 为年份，如果 t = j，则 $year_t^j = 1$，否则 $year_t^j = 0$。我们以 2007 年（即企业所得税改革实施的前一年）作为基准年，因此 j 的取值不包括 2007 年。利用（5.3）式进行分析，核心系数 θ_j 如图 5-2 所示：以 2007 年为基准年，2005~2006 年北京市公共债务增长未受明显影响，2008 年财政压力的债务效应也不显著，而从 2009 年开始，财政压力的债务扩张效应逐渐显现。上述结果表明本章构建的准自然实验模型满足平行趋势假定。此外，根据图 5-2，随时间推移，财政压力的债务扩张效应并未减弱，而是具有时间上的持续性。

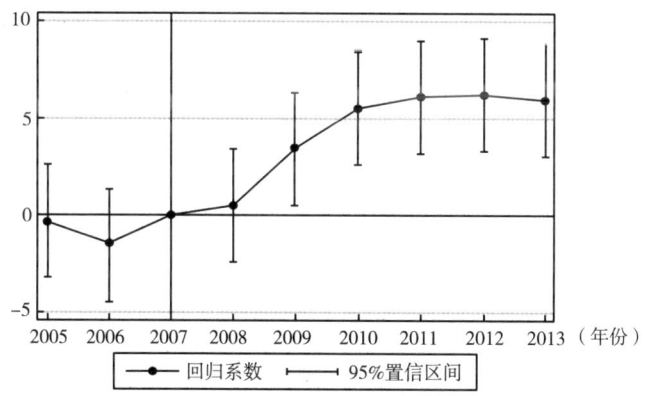

图 5-2 平行趋势检验

4. 扩大样本时间跨度

将样本时间跨度扩大到 2005~2017 年,重复上述 (5.3) 式的检验,结果如图 5-3。根据图 5-3,将 2014~2017 年的地方公共债务等数据加入分析,回归结果不变,即 2009 年之后财政压力的债务扩张效应方才显现,并且具有相当的持续性,该效应至 2017 年仍存在。

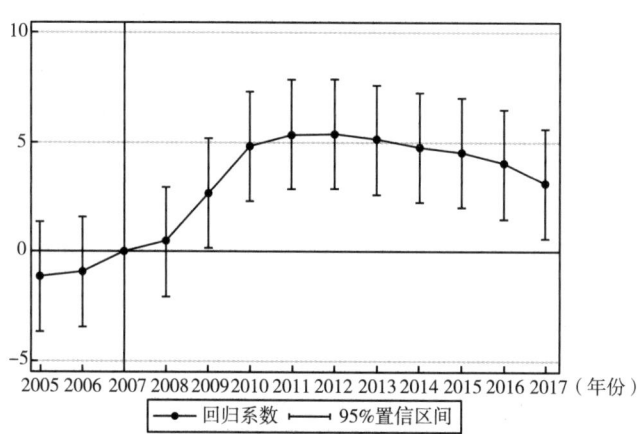

图 5-3 平行趋势检验(扩大样本时间跨度)

5. 安慰剂检验

我们将企业所得税"两税合一"改革时间分别设定为2009年1月1日、2010年1月1日和2011年1月1日,构建三个安慰剂检验,进一步考察基准回归结果的稳健性,回归结果见图5-4。根据图5-4,在三类反事实假设下,由企业所得税改革所产生的财政压力均没有表现出显著的地方公共债务扩张效应。安慰剂检验提供的证伪结果进一步印证了基准回归结果,的确是由2008年企业所得税改革所产生,而非其他因素导致。

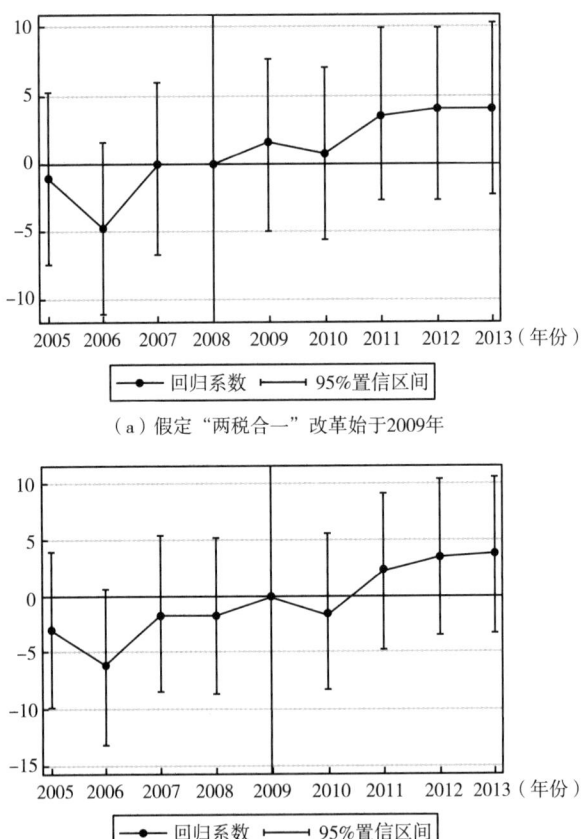

(a) 假定"两税合一"改革始于2009年

(b) 假定"两税合一"改革始于2010年

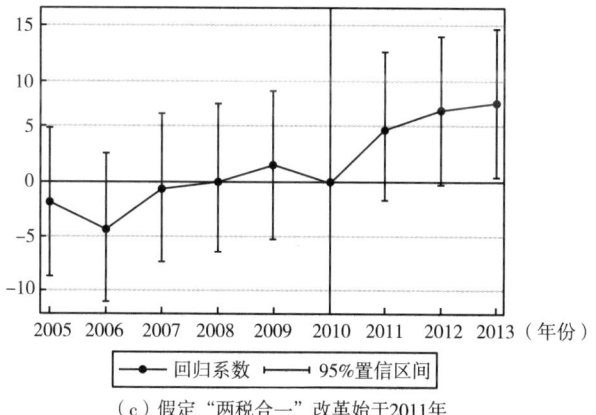

(c)假定"两税合一"改革始于2011年

图 5-4 安慰剂检验

第五节 实证结果的异质性分析

第一，考察上述回归结果是否在产业结构维度上存在异质性效应。我们采用第二产业增加值占GDP的比重（segdp）衡量产业结构，根据该指标的平均值将样本分为第二产业基础薄弱区和第二产业发达区两类子样本，回归结果见表5-5。

由回归结果可知，在第二产业相对薄弱的地区，财政压力的债务扩张效应十分显著，而在第二产业基础相对发达的地区，财政压力的债务扩张效应明显偏小。这一方面是因为在工业基础相对薄弱的地区，基础设施相对不完善，政府投资空间更大，因此举债融资的动力也更强；另一方面是由于这些区域第二产业发展处于较低水平，加大举债力度促进第二产业发展进而拉动经济增长的潜力相对更大，这使地方政府的投资激励也更为强烈。在上述两方面因素综合作用下，地方公共债务规模持续扩张，以解决因加大投资而产生的资金短缺问题。

第二，考察财政状况维度上的异质性效应。利用财政自给率，根据该指标的平均值将样本分为财政自给率低的地区和财政自给率高的地区两类子样本，回归结果见表5-6。由表5-6可知，在财政自给率高的地区，财政压力存在显著的债务扩张效应，而在财政自给率低的地区，财政压力的债务扩张效应明显偏小。这是因为地方政府举债能力与当地财政状况直接关联（无论是政府债券发行限额，还是融资平台公司举债额度，均需要考虑当地财力[①]），因而财政自给率高的地区在面对财政压力时，更有能力通过举债来缓解财政资金紧张状况。

[①] 相关文件见发改办财金〔2010〕2881号、财预〔2015〕225号和财预〔2017〕35号等。根据上述政策，对于自有财力不足的地区，一般限制其举债。

第五章 北京市公共债务的形成机制分析——基于财政压力视角

表5-5　　异质性分析（考虑产业结构）

解释变量	被解释变量							
	第二产业基础薄弱地区				第二产业基础发达地区			
	(1) lnrjcid	(2) lnrjbond	(3) lnrjbond0	(4) lnrjdebt	(5) lnrjcid	(6) lnrjbond	(7) lnrjbond0	(8) lnrjdebt
post * fishock	3.741** (1.619)	3.740** (1.618)	2.400** (1.089)	2.400** (1.089)	2.614* (1.381)	2.614* (1.381)	1.051 (0.975)	1.051 (0.975)
其他控制变量	Y	Y	Y	Y	Y	Y	Y	Y
个体固定效应	Y	Y	Y	Y	Y	Y	Y	Y
时间固定效应	Y	Y	Y	Y	Y	Y	Y	Y
R-squared	0.9977	0.9978	0.9864	0.9872	0.9967	0.9968	0.9858	0.9864
观察个数	64	64	64	64	80	80	80	80

注：*、**、*** 分别表示在10%、5%和1%水平上显著；括号内为稳健标准误。

表 5–6 异质性分析（考虑财政状况）

解释变量	财政自给率低				财政自给率高			
	被解释变量							
	(1) lnrjcid	(2) lnrjbond	(3) lnrjbond0	(4) lnrjdebt	(5) lnrjcid	(6) lnrjbond	(7) lnrjbond0	(8) lnrjdebt
post * fishock	2.789** (1.253)	2.789** (1.253)	0.711 (0.785)	0.711 (0.785)	3.540* (1.902)	3.538* (1.902)	3.041** (1.326)	3.041** (1.326)
其他控制变量	Y	Y	Y	Y	Y	Y	Y	Y
个体固定效应	Y	Y	Y	Y	Y	Y	Y	Y
时间固定效应	Y	Y	Y	Y	Y	Y	Y	Y
R–squared	0.9969	0.997	0.9898	0.9902	0.9964	0.9966	0.9711	0.9729
观察次数	93	93	93	93	51	51	51	51

注：*、**、*** 分别表示在10%、5%和1%水平上显著；括号内为稳健标准误。

第六节 本章小结

本章利用 2008 年企业所得税 "两税合一" 改革作为准自然实验，运用强度双重差分估计方法，使用北京市全口径公共债务等数据，实证分析财政压力对地方公共债务扩张的影响。

实证结果表明：2008 年企业所得税改革使得北京市政府财政压力增大，进而刺激其公共债务规模的扩张，财政压力增加 10%，北京市人均地方公共债务增长 34.66%；上述效应具有滞后性与持续性，债务扩张效应从企业所得税 "两税合一" 改革第二年（即 2009 年）开始显著表现并且该效应在之后数年内持续存在。其包括安慰剂检验在内的一系列稳健性检验结果进一步增强了基准回归结果的可信度。异质性分析发现，在第二产业基础薄弱的地区和财政自给率高的地区，财政压力的债务扩张效应更显著。

本章的实证研究将研究对象聚焦于北京市，使用全口径公共债务数据，并改进了财政压力的识别手段，为深刻认识如北京市等重要地区的地方公共债务扩张内在机制提供了可靠证据。

第六章
北京市公共债务形成机制的拓展分析

  通过对公共债务的相关理论、形成体制以及债务现状的分析发现，北京市公共债务的形成因素是多方面的。第五章分析了财政压力的债务扩张效应，本章重点研究发展压力、金融成熟度、京津冀地理位置以及政府间转移支付等因素对北京市公共债务规模的影响，并通过变换核心变量形式以及使用不同的公共债务衡量指标进行稳健性检验。

  稳健性检验的结果支持基准回归结论，表明本章的实证分析结果是可靠的。此外，笔者根据北京市不同功能区的分类，综合分析北京市公共债务形成机制的区域异质性。研究发现，不同因素对北京市公共债务的影响具有明显的区域差异。

第一节 发展压力

一、理论假说

结合前述制度环境分析可知，我国建立了以经济指标为核心的官员晋升激励制度，为达到晋升目的，地方政府官员往往倾向于实现经济短期内快速增长，这使官员晋升竞争最终演变成一场地区经济增长"竞赛"。

不少地方政府官员选择加速投资，进而刺激经济增长，因为投资是促进经济增长的重要推动力。同时，由于基础设施建设与经济发展密切相关，而且作为公共品理应由政府提供，因此地方政府官员投资领域多为城市设施建设，而有限的财政收入往往难以满足这一需求。因此，大举借债为地方政府官员应对发展压力、赢得"晋升竞赛"提供了坚实的物质基础。

综上所述，提出以下研究假说：发展压力促使北京市及其下辖区域公共债务规模扩大。

二、变量说明

1. 被解释变量

本章的基准回归模型中采用负债率指标（即债务总额/GDP）来反映北京市公共债务规模，用$debtgdp_{i,t}$表示。其中，公共债务统计口径延续前述章节的方法：

北京市公共债务总额＝财政部代发代还政府债券＋北京自发自还债券＋融资平台存量金融债务

上述统计口径在一定程度上会高于官方统计数据，但较宽的统计口径能够较为全面反映北京市公共债务情况。

稳健性检验中分别采用如下变量作为衡量公共债务的指标。

（1）人均公共债务的对数值，用$lnrjdebt_{i,t}$表示。

（2）城投债的负债率，即城投债占GDP的比重，用$cidgdp_{i,t}$表示。

（3）债券的负债率=（城投债+政府债券）/GDP，用$bondgdp_{i,t}$表示。

（4）非债券类债务的负债率=（北京市公共债务-城投债-政府债券）/GDP，用$bond0gdp_{i,t}$表示。

2. 发展压力

根据已有文献（陈菁和李建发，2015），本章从GDP增长率、财政盈余率[①]与失业率[②]三方面来综合考察北京市下辖各区的晋升激励程度。为增加激励效果，上级政府在对下级官员进行考核时往往采用相对绩效评估法，与邻近地区的比较便是常用方法之一。根据这一特点，针对北京四大功能区，即首都功能核心区、城市功能拓展区、城市发展新区和生态涵养发展区[③]，本章以其所包含的各区县的GDP为权重分别计算GDP增长率、财政盈余和失业率的加权平均数。将各区县的指标与计算出来的各功能区加权平均值进行对照：当某区县的GDP增长率或财政盈余小于其所在功能区的加权平均值时，则取值为1，反之，则取值为0；当某区县的失业率大于其所在功能区的加权平均值时，取值为1，否则取值为0。将上述三个得分加总则得到本章的晋升激励指标（$devepre_{i,t}$），该指标的取值范围在0~3之间，分值越高说明晋升激励程度越大。同时，由于地方官员对晋升激励的反应具有一定的滞后性，同时也为避免内生性问题，本章采用上述指标的滞后一期值作为

---

① 财政盈余率=（财政收入-财政支出）/财政收入。
② 失业率=城镇登记失业人口数/（城镇登记失业人口数+城镇登记从业人口数）。
③ 首都功能核心区包括：东城区、西城区。城市功能拓展区包括：朝阳区、丰台区、石景山区、海淀区。城市发展新区包括：房山区、通州区、顺义区、昌平区、大兴区。生态涵养发展区包括：门头沟区、怀柔区、平谷区、密云区、延庆区。

计量模型中的核心解释变量（devepre_lag$_{i,t}$）。

3. 控制变量

所使用的控制变量包括。

（1）经济发展水平（lnrigdp$_{i,t}$），采用人均GDP的对数值进行衡量；

（2）产业结构（segdp$_{i,t}$），采用第二产业生产总值占GDP的比重来进行衡量；

（3）城镇化水平（urban$_{i,t}$），采用城镇就业人口占北京市总人口的比重进行衡量；

（4）人口密度（popden$_{i,t}$）；

（5）土地出让收入，采用土地出让收入占GDP的比重（landfingdp$_{i,t}$）以及人均土地出让金的对数值（lnrjland$_{i,t}$）进行衡量。何杨和满燕云（2012）研究发现，地方政府对土地出让收入的高度依赖使公共债务风险控制难度加大。

三、模型设定

为对北京市公共债务的形成机制进行拓展分析，笔者构建如下计量模型：

$$Y_{i,t} = \alpha + \beta \times E_{i,t} + \gamma \times X_{i,t} + u_i + v_t + \varepsilon_{i,t} \qquad (6.1)$$

其中，i表示北京市各区县，t表示年份；$Y_{i,t}$为被解释变量，本节用北京市公共债务总额占GDP的比例（Debtgdp$_{i,t}$）这一指标进行衡量；$E_{i,t}$表示影响北京市公共债务的因素，此处$E_{i,t}$表示发展压力，用devepre_lag$_{i,t}$表示。$X_{i,t}$表示一系列控制变量。u_i和v_t分别表示地区和年份固定效应。

四、数据来源与描述性统计分析

1. 数据来源

延续前章，本章使用的北京市公共债务数据来源于Wind数据库、中国货币网、中国债券信息网、上海证券交易所、深圳证券交易所、中国银行间市场交易商协会以及北京市财政局公布的北京市政府预决算报告，转移支付数据来源于北京市财政局公布的北京市政府预决算报告，土地出让收入是根据北京市规划和自然资源委员会公布的数据整理而来，其余数据来自北京市统计局公布的《北京区域统计年鉴》《北京市国民经济和社会发展统计公报》。

依据变量的数据可得性，本章主要使用两个样本。样本1的时间跨度为2006～2017年，主要变量包括：公共债务情况、财政分权、晋升激励、金融成熟度、京津冀地理指标以及各控制变量的数据。样本2的时间跨度为2009～2017年，在样本1数据基础上，新增各项政府间转移支付和土地出让收入数据。样本2主要用于后续检验政府间转移支付对北京市公共债务的影响。两个样本均包括北京市下辖的16个区县，其中，由于行政区划的调整①，本章将2006～2009年出现的崇文区和宣武区的数据分别与东城区和西城区的数据进行合并计算。

2. 描述性统计分析

表6-1给出了样本1中主要变量的描述性统计结果，时间跨度为2006～2017年。根据该表，北京市下辖各区平均负债率为107.65%，标准差为0.977，这说明北京市下辖各区负债水平差异较大。财政压力的平均值为16.79%，最小值为-3.56%，最大值为77.42%，这表明北京市下辖各区虽有某些年份出现财政盈余，但财政赤字才是常态。发展压力的平均值为1.52，这证明北京市下辖各区政府确实面临着较大的发展压力。京津冀地理指标取值范围为0～1，其平均值为0.63，这说明过半数的北京市下辖区与

---

① 2010年7月1日，国务院批复：撤销北京市东城区、崇文区，设立新的北京市东城区，以原东城区、崇文区的行政区域为东城区的行政区域；撤销北京市西城区、宣武区，设立新的北京市西城区，以原西城区、宣武区的行政区域为西城区的行政区域。

河北省或天津市相临。

表6-2展示了样本2中主要变量的描述性统计结果，时间跨度为2009~2017年。首先，从转移支付构成来看，专项转移支付占财政总收入的比重为19.08%，而非专项转移支付占财政总收入比重为56.08%，专项转移支付所占比重小。其次，转移支付总额占财政总收入比重达到75.16%，这说明转移支付是地方政府重要的收入来源。最后，人均土地出让收入的差异较大。

表6-1　　　　主要变量的描述统计（2006~2017年）

变量	含义	样本数	均值	标准差	最小值	最大值
debtgdp	北京公共债务总额/GDP	192	1.08	0.98	0.12	6.14
cidgdp	城投债/GDP	192	0.05	0.04	0.00	0.25
bondgdp	（城投债+政府债券）/GDP	192	0.07	0.08	0.24	0.50
bond0gdp	（公共债务-城投债-政府债券）/GDP	192	1.00	0.90	0.11	5.75
lnrjdebt	人均公共债务取对数	192	10.55	0.89	8.28	12.72
fidegdp	财政赤字/GDP	192	0.17	0.17	-0.04	0.77
devepre_lag	发展压力的滞后项	176	1.52	0.96	0	3.00
finmat	金融成熟度	192	0.18	0.30	0.01	1.20
regi	京津冀地理位置	192	0.63	0.49	0	1.00
lnrjgdp	人均GDP（元/人）取对数	192	10.86	0.70	9.64	12.68
segdp	第二产业生产总值/GDP	192	0.32	0.20	0	0.69
urban	城镇化率	192	0.72	0.23	0.24	1.00
Investgdp	固定资产投资/GDP	192	0.67	0.41	0.07	2.18
Lnrjinvest	人均固定资产（元/人）取对数	192	10.23	0.47	9.01	11.68
popden	人口密度（人/平方公里）	192	6070.44	10492.93	143.00	51415.00

表 6-2　　主要变量的描述统计（2009~2017 年）

变量	含义	样本数	均值	标准差	最小值	最大值
tottrare_lag	转移支付总额/财政总收入（%）滞后项	128	0.75	0.82	0.09	4.04
spetrare_lag	专项转移支付/财政总收入（%）滞后项	128	0.19	0.21	0.02	1.30
gentrare_lag	非专项转移支付/财政总收入（%）滞后项	128	0.56	0.63	0.05	3.13
lnrjland	人均土地出让收入取对数	144	8.05	1.64	1.02	11.47

五、实证结果分析

1. 基准回归

回归结果如表 6-3。前两列报告在控制第二产业生产总值占 GDP 的比重和人均固定资产的对数值之后，无论采用 OLS 模型还是固定效应模型，发展压力的估计系数均为正值且在统计上显著。第（3）列至第（6）列依次加入城镇化水平和人口密度，采用 OLS 模型和固定效应模型，发展压力的估计系数均显著为正值，这说明地方政府承受的发展压力越大越有动力举借债务，以便更好地投入地区经济竞争，赢得"晋升竞赛"。

此外，回归结果表明，第二产业占 GDP 比重、人均固定资产的对数值以及城镇化率的估计系数总体显著为正值，这主要是由于第二产业的发展、固定资产投资额的提高、城镇化水平对城市基础设施的依赖度较高，而公共设施的建造需要大量资金支持，在其他财政收入有限的情况下，举债成为地方政府筹集资金一种更为经济的选择。人口密度对公共债务的影响虽显著为负，但由于其数值相当小，故不作讨论。

表 6-3　　　发展压力对北京市公共债务影响的回归结果

解释变量	被解释变量（debtgdp：北京公共债务占 GDP 比例）					
	（1）OLS	（2）FE	（3）OLS	（4）FE	（5）OLS	（6）FE
devepre_lag	0.113*** (0.042)	0.105** (0.048)	0.112*** (0.042)	0.102** (0.048)	0.116*** (0.044)	0.095** (0.047)
segdp	0.218 (0.176)	0.877** (0.431)	0.346** (0.168)	0.841* (0.435)	0.314* (0.168)	0.292 (0.450)
lnrjinvest	1.781*** (0.272)	1.554*** (0.108)	1.676*** (0.319)	1.525*** (0.115)	1.697*** (0.309)	1.688*** (0.122)
urban			0.582 (0.470)	0.438 (0.592)	0.696 (0.469)	2.225*** (0.779)
popden					-2.58e-05*** (4.58E-06)	-3.91e-05*** (1.15E-05)
常数项	-17.39*** (2.794)	-16.06*** (1.082)	-16.78*** (3.067)	-16.14*** (1.089)	-16.92*** (2.979)	-18.10*** (1.201)
R-squared	0.757	0.7931	0.7655	0.7939	0.7824	0.8089
观察次数	176	176	176	176	176	176

注：*、**、*** 分别表示在 10%、5% 和 1% 水平上显著；括号内为稳健标准误。

2. 稳健性检验

我们采用样本 1，在其他因素不变的基础上分别选用城投债占 GDP 的比重、债券（城投债+政府债券）占 GDP 的比重以及非债券类债务（地方政府债务-城投债-政府债券）占 GDP 的比重作为北京市公共债务的衡量指标，使用固定效应模型进行实证检验。实证结果（见表 6-4）表明，在三种不同衡量指标下，发展压力的估计系数均在 5% 水平下显著为正，这说明发展压力确实会促使地方政府扩大借债规模。

表 6–4　　发展压力与公共债务的稳健性检验

解释变量	被解释变量		
	(1)	(2)	(3)
	cidgdp	bondgdp	bond0gdp
devepre_lag	0.004** (0.002)	0.009** (0.005)	0.085** (0.043)
segdp	0.017 (0.018)	0.040 (0.046)	0.252 (0.412)
urban	0.059* (0.031)	0.176** (0.079)	2.049*** (0.713)
lnrjinvest	0.064*** (0.005)	0.136*** (0.012)	1.553*** (0.111)
popden	$-1.49e-06$*** (4.63E-07)	$-3.41e-06$*** (1.18E-06)	$-3.56e-05$*** (1.06E-05)
常数项	-0.674*** (0.048)	-1.461*** (0.123)	-16.64*** (1.099)
个体固定效应	Y	Y	Y
时间固定效应	Y	Y	Y
R-squared	0.8404	0.7901	0.8083
观察次数	176	176	176

注：*、**、***分别表示在10%、5%和1%水平上显著；括号内为稳健标准误。

第二节 金融成熟度

一、理论假说

结合前述分析，金融成熟度越高的地区，资本运作更加市场化，地方政府筹集资金的过程更加遵循市场规律，违法违规融资行为也更易得到有效控制，债务风险降低；同时，信息披露机制也会更加完善，从而改善投资者与市场的信息不对称状况。上述因素的综合影响，有利于增强审批者和投资者对地方公共债务的信任度，提高地方政府融资效率和成功率。此外，金融成熟度越高，金融市场参与主体更加多元化，各类金融机构、非金融机构、境内外机构均可为地方政府融资提供中长期、稳定的资金来源，有助于降低融资成本。由此可以看出，金融体系的不断完善为地方政府融资提供有利的市场条件。

综上所述，笔者提出以下假说：金融成熟度的提高会导致北京市及其下辖区域公共债务规模扩大。

二、变量说明

本部分将从北京市银行人民币存款余额、贷款余额和金融业生产总值三方面综合考察北京市的金融成熟度。第一，分别计算得出各区县存款余额、贷款余额和金融业生产总值占全市总额的比重；第二，将每年各区县对应的三项比值加总，计算得出的数值作为本节的金融成熟度指标（$finmat_{i,t}$）。其余变量设置与第一节相同，不再赘述。

三、实证回归分析

1. 基准回归

在回归方程（1）的基础上，将核心解释变量$E_{i,t}$替换为$finmat_{i,t}$，以此检验金融成熟度的债务扩张效应。实证结果如表6-5所示。第（1）列展示的是，在控制经济发展水平、产业结构和城镇化水平之后，在OLS模型中金融成熟度的系数为负，但在控制固定效应之后［第（2）列］，回归系数不显著。因此，为进一步确定金融成熟度对公共债务的影响，新增人均固定资产投资额的对数值和人口密度两个控制变量［第（3）列、第（4）列］回归结果。从回归结果来看，固定效应模型下，金融成熟度的回归系数在1%水平下显著为正，且数值远高于第一至第三列，说明前三列由于存在遗漏变量问题导致金融成熟度的债务扩张效应被低估。

为考察金融成熟度在财政压力和发展压力背景下发挥的债务作用，故在第三至第四列模型基础上，加入财政分权和发展压力变量［第（5）列、第（6）列］。从回归结果看，无论OLS模型还是固定效应模型，金融成熟度与地方政府负债率均呈现明显正相关关系。这充分证明，较高的金融成熟度为地方政府融资提供有利市场条件。控制变量的回归结果与前述章节计量模型中的回归结果一致，故不再赘述。

表6-5　　　　金融成熟度对北京市公共债务影响的回归结果

解释变量	被解释变量（debtgdp：北京市公共债务占GDP比例）					
	（1）OLS	（2）FE	（3）OLS	（4）FE	（5）OLS	（6）FE
finmat	-3.121*** (0.975)	3.470 (3.554)	0.662 (0.707)	7.145*** (2.180)	1.206** (0.525)	7.418*** (2.318)
lnrjgdp	0.612* (0.332)	-0.432 (0.394)	-0.491*** (0.165)	-1.424*** (0.229)	-0.468*** (0.122)	-1.535*** (0.287)

续表

解释变量	被解释变量（debtgdp：北京市公共债务占 GDP 比例）					
	(1) OLS	(2) FE	(3) OLS	(4) FE	(5) OLS	(6) FE
segdp	0.753 (0.474)	0.872 (0.624)	0.459*** (0.166)	0.342 (0.382)	0.410*** (0.131)	0.248 (0.413)
urban	2.522*** (0.881)	2.860*** (0.808)	1.316*** (0.430)	2.085*** (0.610)	1.218*** (0.424)	2.000*** (0.702)
lnrjinvest			1.723*** (0.226)	1.727*** (0.094)	1.667*** (0.358)	1.867*** (0.120)
popden			-3.68e-05*** (7.76E-06)	-5.94e-05*** (1.01E-05)	-3.11e-05*** (7.16E-06)	-6.10e-05*** (1.15E-05)
fidegdp					2.060*** (0.609)	0.423 (0.607)
devepre_lag					0.0822* (0.043)	0.0287 (0.043)
常数项	-7.053** (3.255)	0.521 (4.722)	-12.21*** (1.883)	-3.699 (2.696)	-12.41*** (3.179)	-3.816 (3.354)
R-squared	0.4947	0.5782	0.8038	0.8672	0.7922	0.8512
观察次数	192	192	192	192	176	176

注：*、**、*** 分别表示在 10%、5% 和 1% 水平上显著；括号内为稳健标准误。

2. 稳健性检验

笔者采用样本 1 的数据，在控制经济发展水平、产业结构、城镇化率、人均固定资产的对数值和人口密度之后，分别采用城投债占 GDP 的比重、债券（城投债＋政府债券）占 GDP 的比重以及非债券类债务（公共债务－城投债－政府债券）占 GDP 的比重作为衡量北京市公共债务的变量。回归结果（见表 6－6）显示，整体而言，金融成熟度的估计系数显著为正，这说明金融成熟越高，地方政府借债的市场环境就越优越，进而导致公共债务规模不断扩张。

表 6-6　　　　　金融成熟度与公共债务的稳健性检验

解释变量	被解释变量		
	(1)	(2)	(3)
	cidgdp	bondgdp	bond0gdp
finmat	0.082 (0.093)	0.571** (0.233)	6.574*** (1.991)
lnrjgdp	-0.0445*** (0.010)	-0.110*** (0.025)	-1.314*** (0.209)
segdp	0.0209 (0.016)	0.0416 (0.041)	0.3 (0.349)
urban	0.0683*** (0.026)	0.170*** (0.065)	1.914*** (0.557)
lnrjinvest	0.0648*** (0.004)	0.135*** (0.010)	1.592*** (0.086)
popden	-1.95e-06*** (4.32E-07)	-4.93e-06*** (1.08E-06)	-5.45e-05*** (9.21E-06)
常数项	-0.183 (0.115)	-0.318 (0.288)	-3.381 (2.461)
个体固定效应	Y	Y	Y
时间固定效应	Y	Y	Y
R-squared	0.8767	0.8304	0.8677
观察次数	192	192	192

注：*、**、***分别表示在10%、5%和1%水平上显著；括号内为稳健标准误。

第三节 京津冀协同发展战略的推进

一、理论假说

习近平总书记提出，实现京津冀协同发展是国家发展的一项重大战略，要坚持优势互补、互利共赢、扎实推进，加快走出一条科学持续的协同发展路子。京津冀协同发展要以疏散非首都功能、解决北京"大城市病"为基本出发点。在此过程中，资金的大量投入是实现这一战略目标的必要条件。从这一角度来说，京津冀协同发展战略会促进公共债务增长。然而，杨萍（2018）研究发现，投融资需求与融资能力存在空间错位。从地理位置上看，北京市16个区中有10个区与天津市或河北省相邻（以下统称"相邻区"），由于"相邻区"地处北京市非中心地区，并且在京津冀协同发展进程中需要承担更多的交通建设、生态保护和产业转移等任务[①]，资金需求量较大。而这些地区经济发展水平比中心地区相对落后，投资者对当地政府偿债能力的信心相对不足。此外，这些区域金融业相对不发达，政府借债的资本市场条件有限，融资效率和成功率较低。在上述因素综合作用下，"相邻区县"的资金需求难以得到有效满足。

根据《北京区域统计年鉴》，我们计算得出2006~2017年北京市"相邻区"和"非相邻区"平均每年金融业生产总值情况。由图6-1可知，两大区域的金融业生产总值相差巨大且这种差异有不断扩大的趋势，这证明了"相邻区"的金融业发展水平偏低，融资能力严重受限。在这种金融环境下，

---

① 根据《北京城市总体规划（2004~2020年）》和《中共北京市委、北京市人民政府关于区县功能定位及评价指标的指导意见》，北京市的城市建设重点向郊区转移，山区要充分履行首都生态屏障和水源保护的职责。

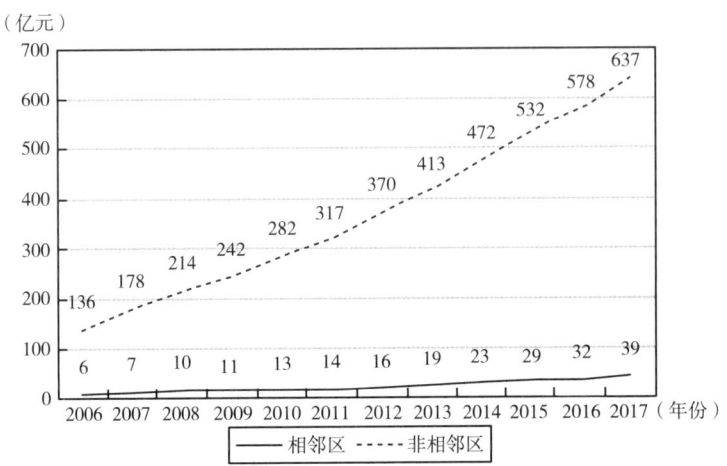

图 6-1　北京市金融业平均生产总值情况

数据来源：历年《北京区域统计年鉴》。

"相邻区"仍需承担大量经济建设和生态保护等职能，使资金需求与融资能力之间的矛盾不断加深。

综上所述，笔者提出以下研究假说："相邻区"的投融资需求与融资能力存在明显的"空间错配"情况，资金需求难以得到有效满足。

二、变量说明

本节通过构造虚拟变量来研究在京津冀协同发展战略下，所处地理位置对该地区公共债务的影响，即北京市下辖各区县如果与河北省或天津市接壤，则取值为1；如果与河北省和天津市均不接壤，则取值为0[①]。京津冀协同发展指标（$regi_{i,t}$）的取值范围为 0~1。

---

① 与河北省或天津市相邻的北京市所辖区包括：房山区、通州区、顺义区、昌平区、大兴区、门头沟、怀柔区、密云区、延庆区、平谷区；均不相邻的区县包括：东城区、西城区、朝阳区、丰台区、石景山区、海淀区。

三、实证回归分析

1. 基准回归

在回归方程（1）的基础上，将核心解释变量$E_{i,t}$替换为$regi_{i,t}$，以此检验在京津冀协同发展过程中，地理位置对北京市公共债务的影响。实证结果如表6-7所示。第（1）列和第（2）列回归结果显示，在控制经济发展水平、产业结构、城镇化率、人均固定资产的对数值和人口密度基础上，在OLS模型下，地理位置的回归系数为正，但采用固定效应模型后，回归系数在1%水平下显著为负。这一方面说明OLS模型存在较大的遗漏变量偏差，另一方面验证了上述假说，即北京"相邻区县"确实存在资金需求与投融资能力"空间错配"的问题，"相邻区县"所需履行的政府职能较多，资金需求大，但由于经济条件的限制难以通过举债方式筹集资金。

为增强实证结果的稳健性，第（3）列和第（4）列将财政分权和发展压力变量加入到计量模型中。从回归结果来看，固定效应模型中，"regi"估计系数为-1.472，且在1%水平下显著。这意味着，在其他因素不变的前提下，"相邻区县"的地方政府负债率会比非相邻区县的负债率低1.472%。

表6-7　京津冀地理位置对北京市公共债务影响的回归结果

解释变量	被解释变量（debtgdp：北京公共债务占GDP比例）			
	（1）	（2）	（3）	（4）
regi	0.608** (0.301)	-1.342*** (0.382)	0.229 (0.331)	-1.472*** (0.430)
fidegdp			1.802*** (0.545)	0.354 (0.626)
devepre_lag			0.0772** (0.036)	0.0342 (0.044)

续表

解释变量	被解释变量（debtgdp：北京公共债务占GDP比例）			
	（1）	（2）	（3）	（4）
lnrjgdp	-0.328* (0.176)	-1.377*** (0.236)	-0.253* (0.138)	-1.519*** (0.296)
segdp	0.309** (0.156)	0.536 (0.389)	0.292*** (0.100)	0.515 (0.418)
urban	1.693*** (0.426)	2.056*** (0.628)	1.376*** (0.515)	1.965*** (0.724)
lnrjinvest	1.509*** (0.251)	1.683*** (0.096)	1.487*** (0.356)	1.819*** (0.123)
popden	$-2.13e-05$*** (5.00E-06)	$-4.65e-05$*** (9.57E-06)	$-1.57e-05$*** (5.46E-06)	$-4.58e-05$*** (1.08E-05)
常数项	-12.37*** (2.334)	-1.613 (2.698)	-12.94*** (3.371)	-1.325 (3.367)
个体固定效应	N	Y	N	Y
时间固定效应	N	Y	N	Y
R-squared	0.7988	0.8582	0.7859	0.8404
观察次数	192	192	176	176

注：*、**、***分别表示在10%、5%和1%水平上显著；括号内为稳健标准误。

2. 稳健性检验

笔者采用样本1的数据，在控制经济发展水平、产业结构、城镇化率、人均固定资产的对数值和人口密度之后，分别采用城投债占GDP的比重、债券（城投债+政府债券）占GDP的比重以及非债券类债务（公共债务-城投债-政府债券）占GDP的比重作为衡量北京市公共债务的变量。回归结果显示，京津冀地理位置的估计系数在三种模型下均显著为负，这说明与天津市、河北省相邻的北京地区确实存在资金需求与投融资能力"空间错配"的问题。详见表6-8。

表 6-8　　京津冀与公共债务的稳健性检验

解释变量	被解释变量		
	（1）	（2）	（3）
	cidgdp	bondgdp	bond0gdp
regi	-0.0534*** (0.016)	-0.118*** (0.040)	-1.224*** (0.349)
lnrjgdp	-0.0440*** (0.010)	-0.106*** (0.025)	-1.271*** (0.215)
segdp	0.0232 (0.016)	0.0571 (0.041)	0.479 (0.355)
urban	0.0680*** (0.026)	0.168** (0.066)	1.888*** (0.574)
lnrjinvest	0.0643*** (0.004)	0.132*** (0.010)	1.551*** (0.087)
popden	-1.80e-06*** (3.98E-07)	-3.90e-06*** (1.01E-06)	-4.26e-05*** (8.74E-06)
常数项	-0.159 (0.112)	-0.151 (0.284)	-1.462 (2.465)
个体固定效应	Y	Y	Y
时间固定效应	Y	Y	Y
R-squared	0.8761	0.824	0.8587
观察次数	192	192	192

注：*、**、***分别表示在10%、5%和1%水平上显著；括号内为稳健标准误。

第四节　政府间转移支付

一、理论假说

政府间转移支付对公共债务主要有两方面影响：一方面，转移支付收入能够弥补财政赤字，缓解地方政府资金紧张状况，从而抑制公共债务规模膨胀；另一方面，转移支付存在"公共池"和预算软约束等问题①，可能导致公共债务规模进一步扩大。

此外，不同类型的政府间转移支付的债务效应可能存在明显差异。这主要是由于北京市对体制返还和一般性转移支付（以下简称"非专项转移支付"）有固定的计算公式，北京市各区政府基本能够预期本地区每年可获得的非专项转移支付规模，进而能够有效补充地方财力，减轻财政压力，缓解公共债务增速过快的状况。而专项转移支付由于主要以项目申请形式进行，一般指定资金用途，导致地方政府财力的补充范围受限，不利于控制公共债务增长。此外，专项转移支付资金分配透明度低，并且对央地关系依赖度较高，即与上级政府关系密切，获得专项转移支付的可能性更大。这使随着专项转移支付收入的增加、对中央的救助预期相应提高，进而导致公共债务规模增长。

综上所述，笔者提出以下研究假说：政府间转移支付对公共债务规模的影响不确定，而且不同类型转移支付所产生的债务效应也不相同。

---

① "公共池"问题是指地方政府可以享受转移支付带来的收益，而成本由其他地区共同承担。同时，地方政府获得的转移支付越多，对中央政府的事后救助预期越强烈，导致当期财政决策缺乏谨慎性，债务规模可能加速扩张。

二、变量说明

本节将政府间转移支付分为专项转移支付和非专项转移支付。其中,非专项转移支付是指北京市对下辖区的体制返还和一般性转移支付。由于官方公开区县级转移支付只有 2014～2017 年的数据,因此,本节按照 2014～2017 年转移支付的平均增长率将 2009～2013 年全市转移支付数据划分到各区。同时,由于 2006～2008 年转移支付数据缺失严重,因此转移支付数据时间跨度为 2009～2017 年。本节选用专项转移支付占财政总收入的比重以及非专项转移支付占财政总收入的比重来衡量政府间转移支付。由于当期的转移支付收入会影响下一期地方政府对偿债能力的预期,因而选用滞后一期的转移支付变量加入到计量模型中,分别用 $spetrare\_lag_{i,t}$(专项转移支付占比)和 $gentrare\_lag_{i,t}$(非专项转移支付占比)表示。

三、实证分析

1. 基准回归

由于 2006～2008 年转移支付和土地出让收入缺失严重,本节使用样本 2(时间跨度为 2009～2017 年)的数据,在控制土地出让收入占 GDP 比重、人口密度以及产业结构基础上,采用 OLS 模型和固定效应模型检验不同类型转移支付对北京市公共债务的影响。回归结果如表 6-9 所示。前两列重点研究转移支付总额对北京市公共债务的影响。回归结果显示,在 OLS 模型下,转移支付总额的估计系数不显著,且 R^2 仅为 0.0295,这表明 OLS 模型的解释能力较弱;固定效应模型下转移支付总额的估计系数为 -0.446,且在 5% 水平下显著,这说明转移支付收入能够通过弥补地方财力而在一定程度上控制公共债务规模的扩张。

第(3)列、第(4)列重点研究非专项转移支付对北京市公共债务的影响。第（4）列使用固定效应模型，回归结果显示，非专项转移支付的回归系数为 -0.665，且在1%水平下显著。这主要是由于非专项转移支付资金的分配是基于事先给定的计算公式，地方政府一般能够预期未来获得的非专项转移支付收入，随着非专项转移支付的增加，财政资金紧张的状况能够得到缓解，因此非专项转移支付并不会显著刺激地方政府负债率的提高。

第（5）列、第（6）列主要研究专项转移支付的债务效应。我们发现，无论是使用OLS模型还是固定效应模型，专项转移支付的估计系数均不显著。这可能是由于专项转移支付既能通过补充地方财力控制债务规模的扩张；又由于其多以项目申请方式进行，申请过程透明度有待提高，容易产生公共池和软预算约束等问题，刺激公共债务增长。两方面影响的综合作用使得转移支付的估计系数不显著。

在固定效应模型下，控制变量的回归结果如下：土地出让收入占GDP比重的估计系数不显著，这说明土地出让收入通过提高地方政府的偿债预期进而刺激债务增长的作用机制有待进一步验证；人口密度为正值，但并不显著；第二产业占GDP比重的估计系数显著为正，这说明第二产业越发达，使得配套设施与服务的需求量增大，而公共设施与政府服务属于公共品，理应由地方政府提供，刺激地方政府资金需求，进而促使公共债务扩张。

表6-9　转移支付对北京市公共债务影响的回归结果

解释变量	被解释变量（debtgdp：北京市公共债务占GDP比例）					
	（1）OLS	（2）FE	（3）OLS	（4）FE	（5）OLS	（6）FE
tottrare_lag	0.040 (0.141)	-0.446** (0.186)				
gentrare_lag			0.035 (0.182)	-0.665*** (0.237)		
spetrare_lag					0.223 (0.543)	-0.348 (0.541)
lanfingdp	1.193*** (0.326)	-0.0604 (0.219)	1.124*** (0.314)	-0.0688 (0.216)	1.313*** (0.341)	-0.0538 (0.224)

续表

解释变量	被解释变量（dcbtgdp：北京市公共债务占 GDP 比例）					
	（1）OLS	（2）FE	（3）OLS	（4）FE	（5）OLS	（6）FE
popden	-3.95e-05***	0.000253	-4.07e-05***	0.000274	-3.82e-05***	0.000215
	(1.53E-05)	(0.000184)	(1.55E-05)	(0.000182)	(1.35E-05)	(0.000188)
segdp	1.607***	1.731***	1.605***	1.584**	1.570***	1.932***
	(0.472)	(0.672)	(0.471)	(0.671)	(0.504)	(0.688)
常数项	0.899***	-4.927	0.927***	-5.32	0.872***	-4.289
	(0.308)	(3.891)	(0.317)	(3.861)	(0.260)	(3.986)
R-squared	0.0295	0.4618	0.0321	0.4724	0.0282	0.4334
观察次数	128	128	128	128	128	128

注：*、**、*** 分别表示在 10%、5% 和 1% 水平上显著；括号内为稳健标准误。

2. 稳健性检验

我们采用样本 2，以人均公共债务的对数值（lnrjdebt）和人均土地出让收入的对数值（lnrjland）分别衡量北京市公共债务的规模和土地出让金情况，使用固定效应模型进行实证检验。实证结果（见表 6-10）显示，核心解释变量的估计系数的方向和显著性与基准回归基本一致。这说明，总体上转移支付可以通过补充地方政府财力来控制公共债务的增长速度，其中非专项转移支付的补充财力效果更显著，更有助于控制地方公共债务的增长速度。

表 6-10　　　　　　　　　转移支付的稳健性检验

解释变量	被解释变量（lnrjdebt：人均公共债务的对数值）		
	（1）	（2）	（3）
tottrare_lag	-0.199***		
	(0.066)		
gentrare_lag		-0.281***	
		(0.085)	
spetrare_lag			-0.234
			(0.194)

续表

解释变量	被解释变量（lnrjdebt：人均公共债务的对数值）		
	(1)	(2)	(3)
lnrjland	0.00516 (0.012)	0.00645 (0.012)	0.000983 (0.013)
popden	-0.000123* (6.47E-05)	-0.000115* (6.43E-05)	-0.000140** (6.69E-05)
segdp	0.33 (0.238)	0.273 (0.238)	0.423* (0.246)
常数项	12.91*** (1.372)	12.75*** (1.363)	13.22*** (1.419)
个体固定效应	Y	Y	Y
时间固定效应	Y	Y	Y
R-squared	0.8838	0.8859	0.8753
观察次数	128	128	128

注：*、**、*** 分别表示在10%、5%和1%水平上显著；括号内为稳健标准误。

第五节 公共债务形成机制的综合分析

一、北京市四大功能区基本情况

依据《中共北京市委、北京市人民政府关于区县功能定位及评价指标的指导意见》，北京市从总体上划分为首都功能核心区、城市功能拓展区、城市发展新区和生态涵养发展区四类区域，基本情况如表 6 – 11 所示。

表 6 – 11　　　　　　　　北京市四大功能区基本情况

类别	所含区	主要职责
首都功能核心区	东城区、西城区、崇文区、宣武区[①]	保障党、政、军高效开展工作；加强城市管理和服务；大力发展现代服务业；保护古都风貌
城市功能拓展区	朝阳区、海淀区、丰台区、石景山区	拓展向全国和世界的外向经济服务功能，推进科技创新与高新技术产业发展，大力发展高端产业，为提升城市的核心竞争力做出贡献
城市发展新区	通州区、顺义区、大兴区、昌平区、房山区和亦庄开发区[②]	营造良好的发展环境，吸引国内外投资，吸引产业转移和集中；大力发展现代制造业；大力发展现代农业和生态农业；加速城市化进程，承接中心城区疏散的人口和功能
生态涵养发展区	门头沟区、平谷区、怀柔区、密云区、延庆区	注重涵养生态，转移影响生态和水源涵养功能的产业；发展生态农业、特色林果业、农副产品加工业；发展服装加工、包装印刷等都市型工业以及现代制造业与物流业；发展旅游业；推进城镇化进程

由于 2010 年行政区划调整，首都功能核心区目前只包括东城区和西城

---

① 2010 年，崇文区和宣武区分别并入东城区和西城区。
② 本章所有样本中未包含亦庄开发区的相关数据。

区，样本量较少。同时首都功能核心区与城市功能拓展区的各项经济指标差异最小，因此本节将上述两大功能区合并为一个区域，统称"核心拓展区"进行综合分析。

为进一步了解各功能区的基本情况，表6-12汇报了各功能区主要变量描述性统计情况。

表6-12　　　　　　　　主要变量的描述性统计分析

变量	含义	核心拓展区		城市发展新区		生态涵养发展区	
		均值	标准差	均值	标准差	均值	标准差
debtgdp	北京公共债务总额/GDP（%）	49.66%	0.422	143.29%	0.934	141.60%	1.161
devepre_lag	发展压力的滞后项	1.758	0.978	1.600	1.011	1.164	0.764
finmat	金融成熟度	0.443	0.362	0.043	0.013	0.009	0.002
lnrjgdp	人均GDP（元/人）取对数	11.427	0.626	10.603	0.569	10.435	0.390
segdp	第二产业生产总值/GDP（%）	16.02%	0.143	42.49%	0.147	40.98%	0.162
urban	城镇化率（%）	96.16%	0.081	59.33%	0.149	55.21%	0.174
lnrjinvest	固定资产投资/GDP（%）	1010.74%	0.325	1040.43%	0.433	1019.81%	0.584
popden	人口密度（人/平方公里）	15118.490	12764.93	1045.000	393.455	238.233	107.988
tottrare_lag	转移支付总额/财政总收入（%）滞后项	30.12%	0.221	48.75%	0.271	155.62%	1.039
gentrare_lag	非专项转移支付/财政总收入（%）滞后项	7.82%	0.054	15.46%	0.111	36.20%	0.285
spetrare_lag	专项转移支付/财政总收入（%）滞后项	22.30%	0.176	33.29%	0.178	119.42%	0.789

二、实证结果分析

我们使用样本1（时间跨度2006~2017年）的数据，基于公式（6.1）综合研究发展压力和金融成熟度的债务效应及其区域差异。各主要解释变量的回归结果见表6-13。

表6-13　北京市公共债务形成机制的区域异质性分析

解释变量	被解释变量（debtgdp：地方公共债务占GDP比例）			
	（1）	（2）	（3）	（4）
	全样本	核心拓展区	城市发展新区	生态涵养发展区
devepre_lag	0.0904** (0.046)	-0.0136 (0.034)	0.013 (0.046)	-0.0438 (0.076)
finmat	7.050*** (2.539)	3.010*** (1.139)	-8.021 (8.036)	224.1*** (50.830)
其他控制变量	Y	Y	Y	Y
个体固定效应	Y	Y	Y	Y
时间固定效应	Y	Y	Y	Y
R-squared	0.8187	0.8136	0.974	0.9593
观察次数	176	66	55	55

注：*、**、***分别表示在10%、5%和1%水平上显著；括号内为稳健标准误。

1. 发展压力

全样本情况下，发展压力与区域公共债务呈现正向相关关系，且在5%水平下显著，这说明晋升激励程度越大，地方政府官员越有动力举债，以便更好地进行地区间经济竞争。在同一功能区内，发展压力的债务效应不显著，这也从侧面说明：不同功能区之间的竞争更加激烈，发展压力更大，对债务的影响也更明显。

2. 金融成熟度

在全样本情况下，金融成熟度的系数为7.050，在1%水平下显著，这证明金融成熟度越高,地方公共债务增速越快。从不同功能区的回归结果来看,核心拓展区与生态涵养发展区的金融成熟度与地方政府负债率之间为正相关关系,且生态涵养发展区回归系数最大,这说明该功能区的金融成熟度的债务扩张效应最大。而城市发展新区的金融成熟度与地方政府负债率之间呈现负向相关关系,但并不显著。这可能是由于随着金融成熟度的提高,信息披露制度更加完善,地方政府负债信息更容易获取,金融机构考虑到该功能区的地方政府负债率最高,出于谨慎性原则,会提高对地方政府进一步借债的谨慎度,这将使该功能区的公共债务增长速度得到抑制。

三、转移支付债务效应的区域异质性分析

利用样本2(时间跨度为2009~2017年)的数据,采用固定效应模型重点研究不同类型转移支付债务效应的区域异质性,实证结果见表6-14。在控制土地出让收入占GDP比重、人口密度和产业结构等相关变量之后,不同功能区转移支付的债务效应呈现明显差异。

从核心拓展区的回归结果来看,无论非专项转移支付还是专项转移支付的估计系数均显著为负值,这说明两种形式的转移支付均主要发挥补充财力的作用,能够有效控制公共债务的增长。

在城市发展新区,无论非专项转移支付还是专项转移支付的估计系数均显著为正。根据《北京区域统计年鉴2018》的数据,北京市级开发区共16个,其中城市发展新区设有10个开发区[1],占比为62.5%,因此来自中央的一般性转移支付资金比较充裕,可用于申请专项转移支付的项目也相应增多,这使"公共池"和预算软约束问题逐步凸显,从而转移支付表现出明显

---

[1] 设立在北京城市发展新区的开发区包括:良乡经济开发区、大兴经济开发区、通州经济开发区、林河经济开发区、天竺空港经济开发区、永乐经济开发区、昌平小汤山工业园区、采育经济开发区、房山工业园区、马坊工业园区。

的债务扩张效应。

生态涵养发展区的非专项转移支付的估计系数为 -1.692，在 1% 水平上显著，专项转移支付的估计系数为负，但并不显著。这说明非专项转移支付通过补充地方财力能够控制公共债务增长速度，而专项转移支付由于其资金指定用途等特点导致补充地方财力作用有限，因而回归系数不显著。

表 6-14　　　　　转移支付债务效应的区域异质性分析

解释变量	被解释变量（debtgdp：公共债务占 GDP 比例）					
	核心拓展区		城市发展新区		生态涵养发展区	
	(1)	(2)	(3)	(4)	(5)	(6)
gentrare_lag	-0.774*** (0.220)		1.002** (0.412)		-1.692*** (0.533)	
spetrare_lag		-1.807*** (0.693)		2.451*** (0.648)		-2.269 (1.400)
lanfingdp	0.134 (0.270)	0.282 (0.287)	-1.119*** (0.375)	-1.278*** (0.337)	0.0902 (0.389)	0.0218 (0.439)
popden	9.67E-05 (7.10E-05)	7.70E-05 (7.65E-05)	0.00761*** (0.00125)	0.00858*** (0.00114)	0.0146 (0.0323)	0.000988 (0.0382)
segdp	0.155 (0.567)	0.704 (0.596)	3.425** (1.466)	2.915** (1.311)	3.919 (2.888)	0.408 (3.304)
常数项	-1.665 (1.512)	-1.376 (1.631)	-8.014*** (1.685)	-8.967*** (1.530)	0.18 (6.834)	0.902 (8.077)
个体固定效应	Y	Y	Y	Y	Y	Y
时间固定效应	Y	Y	Y	Y	Y	Y
R-squared	0.6907	0.6455	0.8816	0.9075	0.5877	0.4722
观察次数	48	48	40	40	40	40
区县个数	6	6	5	5	5	5

注：*、**、*** 分别表示在 10%、5% 和 1% 水平上显著；括号内为稳健标准误。

第六节 本章小结

本章采用OLS模型和固定效应模型，研究发展压力、金融成熟度、京津冀地理位置以及政府间转移支付对北京市公共债务的影响。实证结果表明：

（1）发展压力促使地方政府大举借债，为地区间经济竞争筹集资金，以便赢得"晋升竞赛"。

（2）金融成熟度越高，能够为地方政府举借债务提供更为有利的市场条件，降低融资成本，提高融资成功率，进而使得公共债务规模扩大。

（3）与天津市、河北省相邻的北京区域存在明显的资金需求与投融资能力"空间错配"的问题，即相邻区基础设施建设任务重，资金需求量大，但由于这些地区经济和金融业发展水平有限，投融资能力有待提高，导致难以通过政府借债方式满足资金需求。

（4）政府间转移支付通过补充地方政府财力进而控制公共债务的增长速度，其中非专项转移支付对公共债务增速的控制效应更加明显，专项转移支付由于指定资金用途、采用申请方式等特点，"公共池"和预算软约束的问题更加突出，因而不能有效抑制公共债务增长。笔者通过变换被解释变量和核心解释变量，以及采用公共债务的不同衡量指标，采用固定效应模型进行稳健性检验。回归结果表明，核心解释变量的回归系数方向与显著性与基准回归结果基本一致。

进一步地，本书根据北京市不同功能区分类，综合分析了北京市公共债务的影响因素及其区域异质性。研究发现以下结论。

（1）发展压力的债务扩张效应主要体现在不同功能区之间，在每类功能区内部发展压力的债务效应不明显。

（2）在核心拓展区和生态涵养发展区，金融成熟度具有显著的债务扩张效应，而在城市发展新区金融成熟度的债务扩张效应不明显。

（3）在核心拓展区，政府间转移支付主要通过补充地方政府财力进而抑制公共债务增长速度；在城市发展新区，转移支付的"公共池"和预算软约束问题更突出，因而主要表现为债务扩张效应；在生态涵养发展区，不同类型转移支付的债务效应不同，非专项转移支付能抑制债务扩张，专项转移支付的债务效应不明显。

第七章
国外地方公共债务管理经验借鉴

　　防范化解地方公共债务风险是世界各国共同关注的重要话题。本章聚焦典型国家的地方公共债务案例，重点分析日本夕张市、欧元区国家意大利和美国底特律市的地方公共债务管理模式以及化解债务危机的经验教训。选择以上三个国家进行案例分析，一是因为日本、美国和欧盟在世界经济格局中占据重要地位，经济发展水平较高，且地方公共债务的监管体制相对较为完善，能够为我国地方公共债务管理提供有代表性的经验和启示；二是因为上述三个案例影响深远，相关研究著作较为丰富，便于获取掌握相关资料，进行有深度的案例分析。

　　通过案例研究，我们发现导致地方公共债务危机的原因是多方面的。首先，一般而言，地方政府丧失偿债能力是造成债务危机的直接原因，而严重的财政收支矛盾则是偿债能力下降的重要表现；其次，经济结构不协调是发生债务危机的深层次原因；再次，外部冲击有时也会加剧债务风险。最后，本章总结了上述三个国家债务危机对提高我国地方公共债务管理水平的政策启示。

第一节 日本夕张市的财政重建

一、日本地方公共债务的现状

随着债务规模不断扩大，日本地方公共债务受到广泛关注，不仅日本国内政策制定者在不断讨论，国外媒体也投来关注的目光。日本夕张市政府发生财政困难濒临破产的事件，就曾被刊登在《纽约时报》2007 年 1 月的头版①。

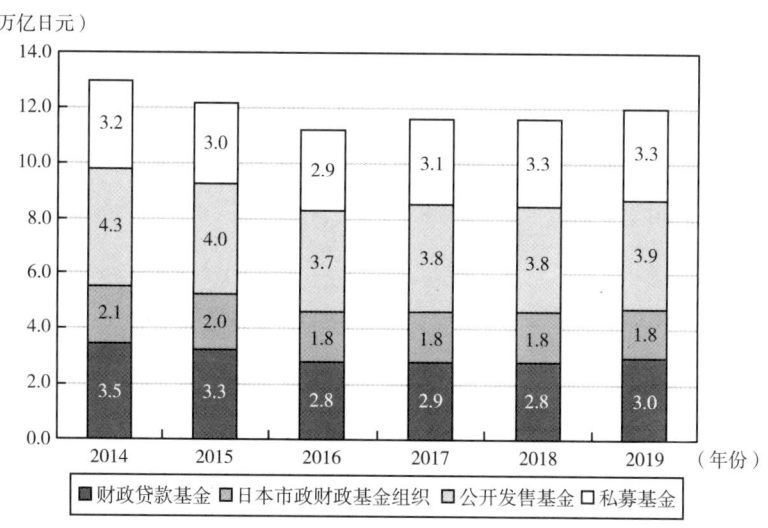

图 7-1　日本地方政府债券发行情况（按资金来源分类）

数据来源：日本财务省公布的《债务管理报告》。

图 7-1 显示了 2014~2019 财年日本地方政府债券发行情况，主要特征

---

① 第三小节将详细介绍日本夕张市债务风险管控的具体情况。

表现为：（1）每年地方政府债券发行规模相对稳定；（2）选择公募发债的比重最大，约占33%。图7-2显示了2009~2018财年日本地方政府长期债券余额情况。从图7-2中可以看出，自2012年以来，日本地方政府的负债率呈下降趋势，这说明近年来日本地方政府长期债务风险得到了有效控制。

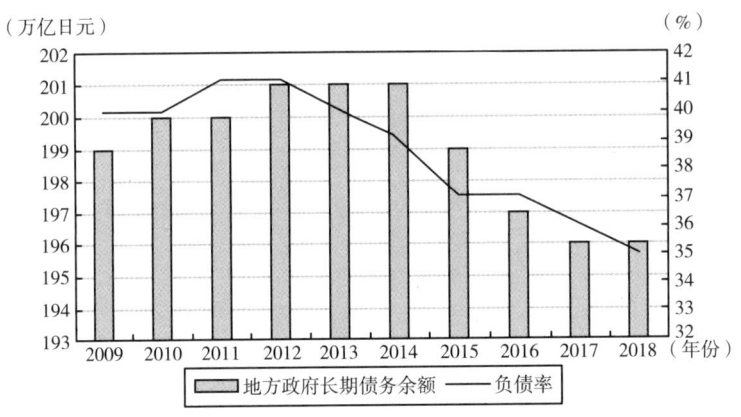

图7-2　日本地方政府长期债务余额情况

数据来源：日本财务省公布的《债务管理报告》。

二、日本地方公共债务管理制度

日本的地方公共债务最早可追溯到1868年。1879年日本确立了"举债地方公共债务必须通过议会决定"的原则，从此开始建立地方公共债务专门制度。1888年日本颁布《市制及镇村制》，1890年颁布《府县制》《郡制》，使地方公共债务制度不断趋于完善。1940年举借地方公共债务首次实行年度总额限制，举债主体以大城市为主，发行对象则为大银行及大信托投资公司。

日本的地方公共债务管理曾以行政控制方式为主，地方政府只有在中央政府审批后才能借债。法律赋予了中央政府直接控制地方政府借款的权力。这种控制有多种形式。例如：制定每个地方政府每年的总体债务权限标准，或某些债务成分(如海外借款);对地方政府借款业务进行检查和授权,包括审批借款业务的期限和条件;集中对各级政府的借款(一般为投资项目)进行审批。一般来说,中央对地方政府借款的直接控制权不仅包括对被提议借款项目的事前授权,还包括对地方政府财政活动的事后监控。这种债务管理方式在一定程度上造成了20世纪90年代以后日本地方政府财政状况的持续恶化,并由此促使日本中央政府改变了地方公共债务管理方式。

从2006财年起,基于分权化改革,日本的地方公共债务由严格的"审批制"转变为"协商制"。协商制与审批制的不同之处在于,当日本总务省不同意地方政府的举债计划时,地方政府只要向地方议会报告后仍可举债。但是,在协商制下,地方政府在经过中央政府同意后举债可以获得两种优惠政策:一是中央政府在计算对地方政府的转移支付时会考虑偿债资金数额;二是如果地方政府满足其他约束条件,还可以向中央政府借款。由于以上两种优惠政策,地方政府大多会选择经中央政府批准后再举债。

三、日本地方公共债务融资的经验和教训——以夕张市为例

1. 夕张市基本情况

夕张市位于日本北海道中部地区,面积763.2平方千米,境内以山地为主,最高峰是"夕张岳",海拔1688米。人口主要分布于市辖区西侧的红叶山地区至夕张地区之间。该地盛产蜜瓜,同时也是著名电影《幸福的黄手帕》的拍摄地。夕张市在19世纪末期曾作为煤炭之城而繁荣。该市于2006年遭遇严重财政危机,并于2007年3月被列为财政重建对象,当时的赤字返还额是360亿日元,相当于市税收入9.4亿日元的38.3倍(孙悦,2011)。

2. 夕张市财政危机的原因

第一,产业转型战略决策失误。1891年夕张市第一座煤矿建成投产,由

于当时日本从国家政策上培育和发展煤炭产业，夕张市作为著名的"煤炭之都"逐渐繁荣起来。1955年之后，石油逐渐取代煤炭成为日本主要能源，这一转变严重打击了夕张市的煤炭产业。此外，夕张市的煤矿多次发生事故。以上多重因素导致夕张市的煤矿出现了不断倒闭的现象。1990年最后一座煤矿——三菱南大夕张煤矿倒闭，这意味着夕张市煤炭产业的彻底衰落。在煤矿关闭之后，夕张市政府将煤炭公司所拥有的全部土地、住宅和医院等基础设施收归国有，由此产生的费用高达583亿日元，这使夕张市政府的财政负担大幅增加。

与此同时，产业转型迫在眉睫。在中央政府鼓励地方政府借债发展观光产业的背景下，夕张市试图乘着政策红利的东风，利用城市投资公司，大力扶持旅游观光产业，以此摆脱煤炭产业衰退带来的困境。据统计，1979～2003年该市先后投入建设观光设施的资金高达110亿日元，其中80%来自地方公共债务（国家发展改革委外事司，2006）。然而，事实证明这一产业转型决策是错误的。当时日本正处于泡沫经济时代，地方政府本应减少政府投资，推动民间投资与开发，发展非资本密集型产业，而夕张市政府却做出了"相反"的决策，大力发展以"煤炭历史村"为核心的资本密集型观光产业，开设主题公园、举办电影节、建造豪华酒店和滑雪场等。这些观光产业伴随着日本泡沫经济的终结而破产。当民间企业由于经济效益下降而纷纷选择撤出夕张市时，夕张市政府却采取"国有化"策略，大量收购这些企业遗留下来的基础设施，这进一步加重了夕张市的财政负担。

第二，违规操作掩盖真实财政状况。当债务危机初显时，夕张市不是选择积极面对，而是通过短期银行贷款在内的各种金融措施试图来掩盖真实财政状况，缩小账面上的财政赤字。据统计，夕张市的短期银行借款从过去平均每年20亿日元左右，到1999年激增至173.8亿日元，2005年进一步达到了292亿日元。违法违规的会计操作，延迟了夕张市债务问题的暴露时间，却也使公共债务的规模更加庞大,风险不断积聚,最终导致夕张市政府不得不面临破产的局面。

第三,人口流出加剧,扩大再生产能力下降。夕张市的人口减少主要因为两个因素:一方面是煤矿倒闭后大量人员外迁,另一方面是高龄无子化。具体来看,1990 年夕张市家庭规模共有 8791 户、20969 人,到 2010 年家庭规模下降为 5558 户、10922 人,户数和人数的下降速度分别为 36.78% 和 47.91%[①]。详见图 7-3。

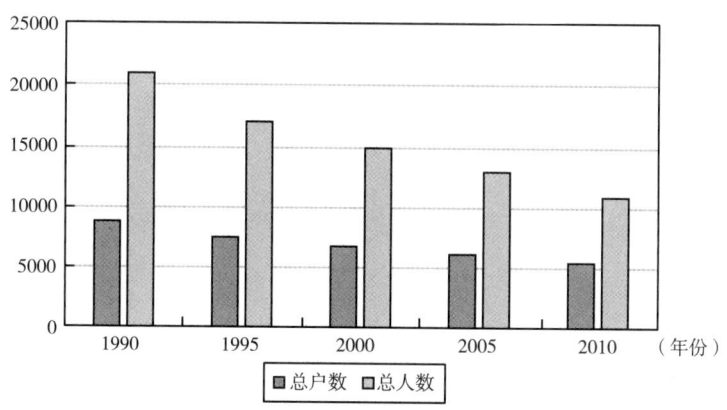

图 7-3 夕张市人口规模情况

数据来源:笔者根据魏加宁(2014)提供的相关数据整理得到。

由于人口减少,消费水平下降,经济发展缓慢,企业经济效益下降,就业岗位减少,进一步促使人员外流,继而导致就业难与人口减少的恶性循环。由于人口减少、企业经济效益减少,夕张市政府可获得税收收入大幅下降,从而加剧财政困难状况。

同时,高龄无子化的人口状况也严重威胁着夕张市财政的可持续发展。

---

① 魏加宁主编:《地方公共债务风险化解与新型城市化融资》,机械工业出版社 2014 年 11 月第 1 版。

首先，人口老龄化导致夕张市政府用于养老和医疗等方面的支出明显增多，财政赤字扩大。其次，人口老龄化会带来劳动力严重短缺、储蓄率下降（更少年轻人储蓄，更多的老年人消耗储蓄）以及投资减少等一系列问题，这严重阻碍经济的健康发展，对夕张市的财政状况产生了不利影响。此外，夕张市的儿童数量不断减少，由于缺少生源，很多学校纷纷倒闭。"少子化"意味着人口结构很有可能进一步恶化，老年人口比例持续增大对经济发展和财政状况的不利影响持续存在。

第四，国家政策变化加剧财政困难。国家对地方政府的多项财政补助政策被取消，这使原本就背负沉重财政负担的夕张市步履维艰。具体来说，根据《产炭地域振兴临时措置法》，中央政府曾为鼓励煤炭产业的发展，为煤炭产地提供"煤炭振兴转移支付资金"，夕张市作为煤炭之城累计获得该项专项支付资金达40.6亿日元。然而，2001年该项法规失效，日本中央政府取消了煤炭补助，夕张市的财力进一步被削弱。

此外，小泉纯一郎内阁开始实施"三位一体"的财税改革措施以后，日本中央政府逐步缩减对人口过少及过于分散的市、町、村的财政支援，这对于人口不断流失的夕张市来说，无疑是雪上加霜。

3. 夕张市财政重整

2006年6月，夕张市市长宣布放弃自力更生再建财政的计划，申请该市成为置于国家严格管理之下的"财政再建团体"。2007年3月，夕张市财政重整计划得到正式批准，主要内容如下。

第一，上级政府的举措。首先，北海道政府严格监督夕张市的财政重整计划，并为夕张市提供相当于赤字总额（约360亿日元）的贷款，年利息仅为0.5%，而同期市场利率为3.5%，该项举措相当于每年为夕张市提供约9亿日元的补贴。其次，为控制夕张市政府的财政支出，大量公务员和服务业职员失业，为维护当地市民的基本生存权利和社会福利，北海道政府向夕张市派遣管理人员和专职人员，补充地方政府人力，协助执行政府职能。此外，北海道政府还为夕张市提供了医疗补助、城市公交和经济振兴①等一系列援助项目，帮助夕张市重建财政、恢复经济。

第二，本级政府的举措。面对巨额财政赤字，夕张市政府首先选择"开源节流"，即缩减财政支出、增加财政收入，进而缩小财政缺口。在缩减财政支出方面，夕张市对公共事业项目进行调整，只保留市民生活所必需的最低限度的项目支出，其他项目全部停止或缩小规模，减少公共服务设施的管理费用；逐年削减公务员人数，降低公务员工资。在增加财政收入方面，夕张市一方面提高税率，增加公共服务的使用费或手续费；另一方面盘活市属财产，进一步保障财政收入，如拍卖部分公有财产、出租闲置政府办公室充作银行网点等。

夕张市为振兴经济、不断推动城市发展与建设，将公共设施向市中心集中，整顿住宅区，建设紧致充实型城镇。此外，在人口老龄化的背景下，为保障社会稳定，夕张市建设适宜老年人的居住环境，完善必要的医疗和服务设施。

第三，民众的支持。市民团体积极参与公共设施的运营管理，无偿参加社区的志愿服务活动，开展街道清扫等活动，这为夕张市政府缩减财政支出提供机会与空间。非盈利组织，如夕张观光协会、夕张国际梦幻电影节、煤矿记忆推广事业团等相继成立，为当地经济复苏发挥重要作用。同时，企业积极与政府合作，例如：支援拆除老化公共设施、为修缮老化公务员住宅提供过渡住房等措施，既有利于协助地方政府缩减开支、缓解资金困难，又能够提高经济活力，早日实现财政重建的目标。

---

① 经济振兴支援项目包括：利用地区经济综合补助金，对市营住宅整顿项目等举措提供援助；通过发电厂所在地区补助金，提供地区事业援助；充分利用地区固有资源，推动与外界相关资源的合作，发展经济。

第二节 意大利地方公共债务管理经验

一、意大利地方公共债务现状

作为文艺复兴的发源地，意大利一直以来被看作引领世界艺术与时尚潮流的代名词。一部《西西里的美丽传说》，更是给意大利增添了几许浪漫情怀。然而，这颗南欧地中海上的"明珠"，如今却深受地方公共债务问题困扰。

根据意大利中央银行（意大利银行）公布的数据，意大利地方公共债务主要可分为狭义债务和广义债务。在狭义债务统计口径基础上，广义债务还包括合并项目。具体地，合并项目包括：

（1）经济财政部（MEF）向地方政府垫付的应付贸易款项；

（2）在意大利国有银行（CDP）转型为公司时，CDP 向地方政府发放的属于经济财政部的贷款份额；

（3）经济财政部向各地区发放的用于弥补其医疗保健赤字的贷款；

（4）经济财政部向各地区提供的用于债券回购业务融资的贷款；

（5）内政部向各省和直辖市提供的预付款，作为确保地方政府财政稳定的轮换基金的一部分[①]。

图 7-4 显示了 2000~2019 年意大利地方公共债务余额和负债率情况。从狭义统计口径来看，2000 年意大利地方公共债务余额为 38121.80 百万欧元，2019 年债务余额达到 84376.90 百万欧元，相比 2000 年增长了约 121.34%；平均负债率为 5.66%。从广义统计口径来看，2000 年意大利

---

① 资料来源：意大利银行官网。

地方公共债务余额为 65969.60 百万欧元，2019 年债务余额达到 122111.60 百万欧元，相比 2000 年增长了约 85.10%；平均负债率为 7.40%。

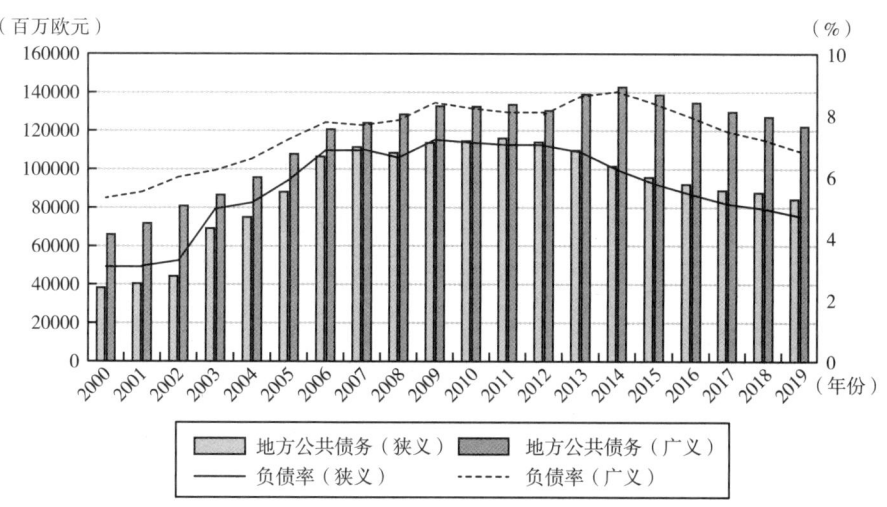

图 7-4　意大利地方公共债务余额和负债率情况

数据来源：意大利银行官网。

意大利是一个单一制国家，共有四级政府，包括中央政府、区政府（Region）、省政府和市政府。按照地方政府类型划分，截至 2019 年年底，地方公共债务情况（狭义口径①）如图 7-5 所示。从图 7-5 中可知，直辖市政府（Municipality）的地方公共债务比重最大，债务余额高达 35449.60 百万欧元，占比为 42.01%；其次是区政府和自治省，债务余额为 31354.10 百万欧元，占比是 37.16%；省政府占比最低，仅为 7.82%。

---

① 狭义口径下意大利地方公共债务规模更接近国际通用统计口径，由此下文将对狭义口径下的意大利地方公共债务进行具体分析。

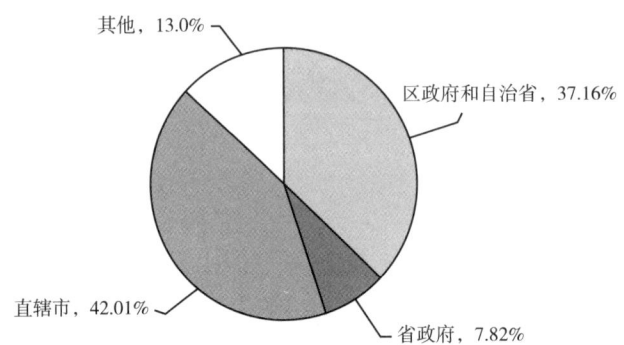

图 7-5　2019 年意大利地方公共债务份额（按地方政府类型，狭义口径）

数据来源：意大利银行官网。

从债务类别看（如图 7-6 所示），来自其他居民金融机构和意大利国有银行（CDP）的贷款占比最大，债务余额高达 60155.80 百万欧元，比重为 71.29%；其次是境外发行证券，债务余额为 8343.20 百万欧元，比重占了 9.89%；在意大利境内发行的证券，债务余额为 4821.60 百万欧元，比重为 5.71%；来自其他非居民金融机构的贷款比重最低，仅为 3.59%。

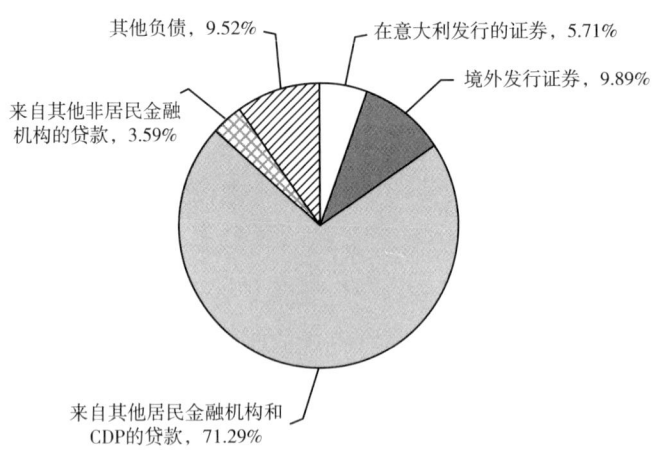

图 7-6　2019 年意大利地方公共债务余额（按债务类别，狭义口径）

数据来源：意大利银行官网。

二、意大利地方公共债务持续增长的影响因素

1. 经济增长乏力

图 7-7 显示了近 20 年来欧元区成员国年均 GDP 增速①情况。由图 7-7 可知，在欧元区国内生产总值（GDP）增长排名中，意大利处于垫底位置，年均增速仅为 0.40%。意大利银行的研究数据表明，自加入欧元区以来，意大利的经济增长主要依靠人口增长；而劳动生产率和全要素生产率对经济增长的贡献几乎为零，甚至出现负值。

经济增长乏力的主要原因包括以下几方面。

第一，意大利企业规模普遍较小，适应新技术和创新的难度较大，在全球化市场竞争中受到了来自新兴市场经济体的强烈冲击。

第二，人力资本不足。意大利教育体系的表现低于欧盟平均水平，且长期存在人才配置不当和利用不足等问题，导致大批意大利毕业生移民到其他国家，进一步加剧了高技术部门人才稀缺问题。

第三，政府的制度效率较低。长期以来，意大利地方公共行政部门往往通过提供质量低劣的服务和采用冗长的程序来运作，官僚作风严重，对企业生产率提升产生了显著的抑制效应。以开支审查制度为例，这原本是控制公共开支和减少债务的一个重要工具，但在实践中，该项制度的执行是有限的甚至无效的。在蒙蒂政府（即 2011 年 11 月至 2013 年 4 月）期间，曾列出一份由 500 家确定为"无用"的公共实体组成的名单。据估计，取消名单上的实体，每年将为意大利各级政府节省 100 亿欧元的开支，然而到目前为止，情况仍未发生改变，上述公共实体仍存在并消耗大量公共资源。

第四，饱受不良贷款困扰的意大利银行业阻碍了经济复苏的脚步。意大

---

① 根据 2000~2019 年 GDP 增速取平均值得到图 7-7。

利的银行业规模庞大,在欧元区排名第四,其不良贷款率在历史上也一直高于其他欧洲国家。根据世界银行数据,意大利银行业不良贷款占总贷款的比率从2006年的6.28%上升到2014年的18.03%(马洪范和张艳蓉,2018)。

经济增长乏力限制了意大利各级地方政府财政收入的增长,在公共支出刚性增长影响下,意大利地方政府不得不持续扩大举债规模,以应付不断加剧的财政收支矛盾。

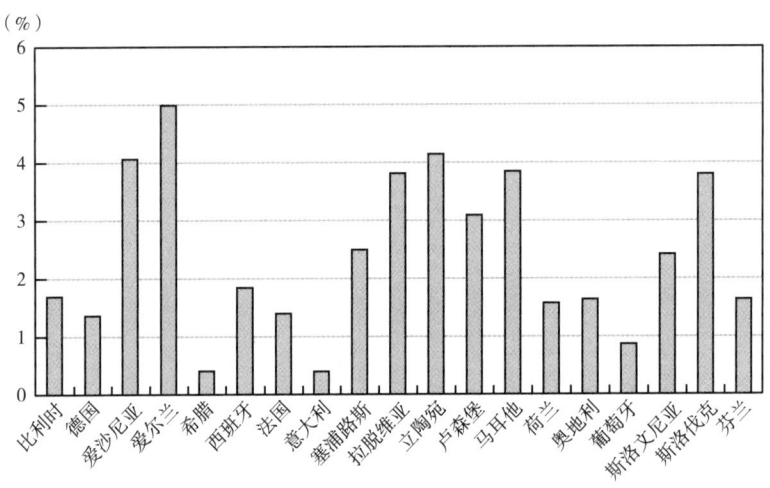

图7-7 2000~2019年欧元区国家年均GDP增速

数据来源:欧盟统计局。

2. 公共支出居高不下,逃税问题严重

长期以来,意大利地方政府的财政支出居高不下,主要原因是意大利地方政府过于依赖财政扩张对经济增长的促进作用。由图7-8可知,意大利地方政府财政支出占GDP的比重远高于欧元区国家的平均水平。然而,一直以来意大利的财政刺激政策都收效甚微,公共投资对经济增长拉动作用十分有限。此外,意大利逃税情况严重。按照理论税收收入和实际税收收入之间的差距计算,2011~2016年期间,总税收缺口为22.1%,逃税超过1000

亿欧元（Schilirò，2019）。公共支出规模庞大、效益不佳，加之逃税问题严重，加剧了意大利地方政府的财政收支矛盾，为地方政府不断举债提供了借口。

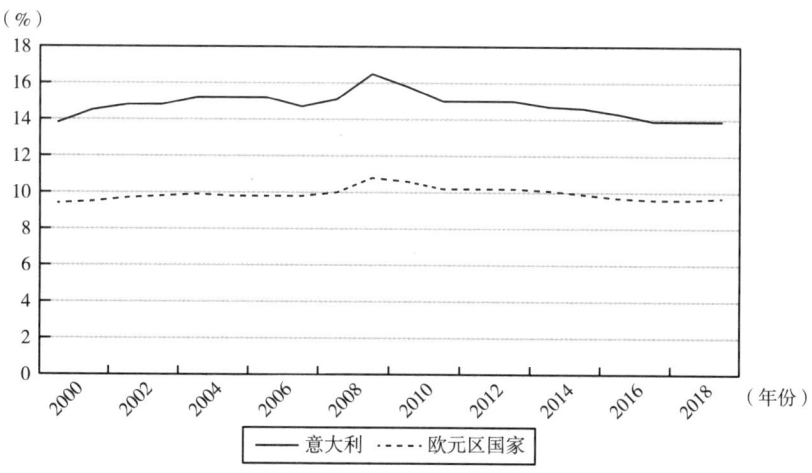

图7-8 意大利地方政府公共支出情况

数据来源：欧盟统计局。

3. 衍生品交易问题

意大利地方公共债务风险还来自于地方政府签订的大量衍生品交易合约。由于衍生品交易合约并不构成马斯特里赫特总体债务，因此，在一定程度上具有隐蔽性，债务风险防范较为困难。2009年，根据英国《每日电讯报》报道，意大利米兰市政府因与德意志银行、摩根大通和瑞士银行等签订金融衍生品交易合约而蒙受损失，可能会因20世纪90年代买入的债券而背负高达350亿欧元的相关债务。图7-9显示了2000~2019年期间意大利地方政府衍生品交易额（初始名义金额）。由图7-9可知，2008年全球经济危机期间，新增地方政府衍生品交易额达到峰值，高达37492.56百万欧元。近几年，其规模有所下降，但2019年新增地方政府衍生品交易额仍为

16226.18百万欧元,潜在债务风险不容小觑。

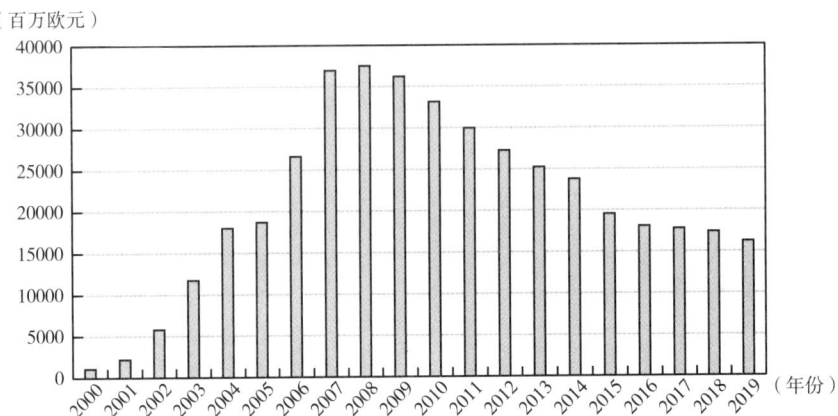

图7-9 2000~2019年意大利地方政府衍生品交易额(初始名义金额)

数据来源:意大利经济财政部国库司。

三、意大利地方公共债务管理制度①

近年来,意大利各级政府采取积极措施,以防范不断膨胀的地方公共债务对该国带来系统性财政金融风险。

1. 约束地方政府举债规模

意大利地方公共债务管理体制的整体特征是行政控制型。中央政府对地方公共债务实施直接控制,每年都对地方政府发行债券进行授权和审批管理,并定期对地方公共债务管理进行监督检查。意大利地方政府的偿债比例不得超过地区自有收入、卫生收费收入净额与公共基金之和的25%。此外,意大利《宪法》第五章规定,地方政府只能将债务用于公共投资,不得为经常项目支出融资而发行债券。对于投资项目,各省市可以向银行、储蓄与贷

---

① 意大利公共债务管理主要由经济财政部的国库司负责。本节资料主要来源于意大利经济财政部国库司的公开文件。

款基金会以及其他政府银行机构借款,但必须提供偿债计划。

2. 规定危机处理方式

为避免地方公共债务的无序膨胀,意大利政府制定了详细的防范化解债务风险的操作程序。以地方公共债务的重组为例,《关于竞争力和社会正义的紧急措施的第 89 号修正案》要求债务重组需满足以下条件:其一,与经济财政部签订的贷款合同,剩余期限在 5 年及 5 年以上,且剩余债务摊销额超过 2000 万欧元;其二,剩余期限在 5 年以上,发行面值在 2.5 亿欧元以上的地区债券。

此外,为防范衍生品交易风险,《关于经济发展、精简、竞争力、稳定公共财政和税收平等的紧急规定》不仅要求衍生品交易应报经济财政部审批,而且详细地规定了衍生品交易的中介机构、期限以及业务范围,从制度层面规范衍生品交易,防范债务风险。

3. 建立债务风险管理组织体系

意大利政府不断认识到地方公共债务的重要性和潜在风险的严重性,为使债务风险管理更加专业化、集中化,建立了债务管理办公室(DMO),从而使地方公共债务的管理分工更为明确,由专业部门构成的组织体系来处理地方公共债务问题。

第三节 美国底特律市破产事件

底特律市位于美国密歇根州，曾被誉为美国的"汽车之城"，是五大湖地区仅次于芝加哥的第二大工业城市。2012年，曾经风光无比的底特律市却被《福布斯》杂志选为"美国最悲惨城市"，底特律市市政府于2013年7月18日正式向美国联邦破产法院提出破产保护，破产债务规模高达185亿美元。

一、破产原因

1. 支柱产业衰落

20世纪60年代末，底特律市的汽车行业便开始出现衰败迹象。由于日本、韩国和欧洲等汽车制造业迅猛发展，底特律汽车行业受到严重冲击。为了降低成本，不少汽车厂商选择将生产基地外迁。2008年美国爆发的"次贷"危机进一步冲击了底特律的汽车行业，导致汽车制造商纷纷倒闭或减产。接连的打击使底特律汽车行业一蹶不振，就业岗位也大幅减少，失业率骤升，人口流失严重。2000~2010年，约有25万居民选择迁出底特律，截至2012年年底，底特律市居民人口数量锐减至约71万人。失业率的提高导致社会不稳定因素增多，种族冲突不断，犯罪率提高，使政府用于维护社会治安的财政支出规模不断增加。

2. 财政收支不平衡

长期以来，底特律市的财政收入主要来源于汽车产业的税收收入，其占比曾高达85%，但由于汽车产业的衰败和人员外流，税基日益减少，而财政支出和社会福利短时间内难以下调，加剧了财政收支不平衡状况。为了保障财政收入，底特律市政府进行了税收改革，具体包括提高税率和新增税目等举措。这使底特律成为密歇根州人均税负水平最高的城市，收入税率为2.4%，比其他城市高出约一倍，且是密歇根州唯一征收公用事业使用税的城市。然而，提高税率未能有效地缓解底特律的财政困境，反而进一步加速了富裕阶层的迁出，导致底特律市财政状况进一步恶化。

3. 地方政府公共事务管理水平有待提高

城市管理者的决策失误也加速了底特律的衰落。在汽车产业衰败的背景下，底特律市政府试图通过大规模修建基础设施来刺激经济增长，但对教育、科技等长期见效的领域投入不足，这导致产业转型缺乏持久动力。同时，在人口外流、房屋和设施供过于求的背景下，过度建设只会增加政府的财政负担，不能有效刺激经济增长。此外，政府腐败问题也是城市衰落的重要因素。2013年3月，底特律前市长夸姆·基尔帕特里克被判犯20项腐败罪和贿赂罪。政治腐败使底特律债务状况更加恶化。

根据上述内容，底特律破产原因可总结如下：

汽车行业衰败→就业机会减少→人口流失→税基锐减和财政收支矛盾加剧→公共服务水平不能满足需求→经济难以复苏

上述恶性循环最终导致城市破产。

二、破产制度给予底特律重生机会

美国《破产法》第九章关于地方政府破产的规定给予底特律重生机会。政府破产与企业破产有着本质区别。政府破产虽会使政府信用遭受损失，使政府的财政预算发生改变并重新清理政府的债权债务关系，但并不意味着该政府的消失，也不等同政府职能破产，政府仍需向公众提供基本的公共服务与公共设施。底特律市在申请政府破产之前，需要事先制定债务重组方案，才能够向法院提交破产申请。债务重组手段主要包括债务展期、债务减免以及地方政府通过增加税收、减少支出等方式平衡预算。在破产期间，债权人提起诉讼或索赔等追债行为都必须中止，而底特律市政府在破产之后可以变卖艺术品等资产或裁减冗员，以筹措资金用于偿还债务，恢复当地经济发展活力。因此，从某种意义上说，市政府破产给了底特律市重生的机会。

第四节　对我国地方公共债务管理的启示

以上分析了日本夕张市、意大利和美国底特律市的地方公共债务管理方法和经验教训，并进一步研究了各国处理债务危机的不同方式，为我国防范化解地方公共债务风险、提高债务管理能力提供了以下借鉴。

一、财政收入多样化

地方政府的财政收入要注意多样化，避免过度依赖某一特定产业，以防该领域受到某种"外来冲击"时财政收入锐减，导致财政困难的情况。这就要求在新区域发展战略和城市功能定位背景下，北京市须以疏散非首都功能产业和扶持发展符合首都功能定位的高端产业为"抓手"，适时地进行产业结构调整升级。只有产业结构多元化、均衡化，才能实现经济的持续性繁荣。此外，在主导产业的转型升级过程中，地方政府应根据当地经济基础与市场需求变化，运用前瞻性的眼光和思维做好城市长远发展规划，主动推动城市产业的更新换代。

二、人口因素

人口数量与结构不仅影响地方政府的财政收入，而且影响财政支出的规模与方向，是防范化解地方公共债务风险中不得不考虑的一项重要因素。第一，地方政府应大力发展经济，创造更多就业机会，降低失业率，同时增加人均可支配收入，在提高生活幸福指数的同时保障财政收入。第二，为应对和缓解人口老龄化带来的财政问题，地方政府一方面应加大对养老、医疗服务的投入，保障老年人的基本生活；另一方面贯彻落实"全面放开二孩"政策，改善人口年龄结构，从根本上解决人口老龄化的问题。

三、财政治理

逐步提高地方政府对公共债务的治理水平。

第一，加快立法进程，更多地运用法律手段来指导和规范公共债务处置行为，持续推动地方公共债务信息公开，借助制度系统化和业务规范化降低地方政府对中央的救助预期，改变将财政赤字转移给上级政府和纳税人的损害政府信用的错误做法。

第二，建立地方公共债务风险预警机制，合理评价政府的偿债能力，加强对地方公共债务的监管。

第八章
北京市公共债务风险管理的政策建议

  根据国外经典案例以及对北京市公共债务的理论和实证分析,笔者提出加强北京市公共债务管理和风险防控的短期、中期和长期措施,建议分阶段地、有针对性地建立健全北京市公共债务风险防控体系。

第一节 加强北京市公共债务管理的短期措施（一年内）

一、加强北京市国有资产经预算管理

规模庞大的国有资产是应对地方公共债务风险的坚实后盾，但不能以国有资产的无谓损失或低效使用为代价来降低债务风险，更不能容忍因处置地方公共债务风险而导致国有资产流失。因此，北京市公共债务的管理与国有资产管理应紧密协同。应加快编制北京市政府资产负债表，使政府支配的资产（尤其是土地等国有资产）和负担的债务信息尽可能公开透明，以便将北京市政府举债行为全面纳入政府预算管理和监督之下。

二、建立符合新时代要求的北京市政府投融资体制

1. 针对不同类型的投资项目，应采取差异化融资模式

北京市政府投资项目主要分为经营性、准经营性和非经营性三大类。对经营性项目（如一些公用事业项目和产业等），由于其产品或服务的市场"可售性"强（即有充裕的现金流收入），采取权益性融资方式更为合适；对准经营性项目，其产品或服务有一定的市场"可售性"，可通过投资引导、财政贴息或给予多种政策优惠等方式，吸引社会资本进入；对非经营性项目（如免费道路、城市绿化等），基本上采取政府主导型债务融资模式，但具体操作环节上也应尽可能引入市场力量来提高融资效率。

2. 加快融资体制配套制度建设

北京市政府应积极强化项目储备制度、专家咨询制度、项目公示制度、

绩效评价制度和责任追究制度等制度建设，增强投融资决策的科学性和透明度；建立综合评审论证体系，加强对北京市公共债务融资的期限、成本、偿债资金来源和效益等方面的审核、评估和监测，以建立完善北京市政府投融资的实时信息系统，为北京市公共债务风险监管提供数据支持。

三、建立和完善北京市公共债务风险预警系统

1. 制订全面、规范的公共债务统计口径

目前地方公共债务统计口径不统一，导致地方公共债务规模测算及后续研究难度增大，不利于地方公共债务风险监控。因此，北京市应尽快制订统一的地方公共债务统计口径，并定期公开北京市公共债务数据，使北京市的公共债务管理尽早实现系统化、规范化。

2. 基于多类指标构建公共债务风险预警机制

国家审计署在审计地方公共债务时采用的债务负担指标（如负债率、债务率、债务增速与GDP增速比例、赤字率、债务依存度、偿债率、担保债务比重、逾期债务率和借新还旧比重等），是构建债务风险预警系统的核心指标。由于北京市公共债务的举借、偿付和风险应对等存在区域异质性，应构建具有一定区域特征、体现区域差异的地方公共债务风险预警系统。在不同区域，可以根据具体情况适当增减指标和调节指标标准，以适应具体操作。北京市可以尝试建立区县级层面的地方公共债务风险预警指标体系，利用实际数据调整预警精度，并提供分地区、分债务类型的预警报告和债务风险度排序等。

四、建立和完善北京市公共债务风险应急处置系统

《国务院办公厅关于印发地方政府性债务风险应急处置预案的通知》（国办函〔2016〕88号）详细规定了不同等级的地方公共债务风险的应急处

置措施，如调减投资计划、统筹各类结余结转资金、调入政府性基金或国有资本经营预算收入、动用预算稳定调节基金或预备费等方式筹措资金偿还，必要时可以处置政府资产，启动债务风险责任追究机制等。为使文件精神落到实处，首先要结合地区差异，设计具有区域针对性的北京市公共债务风险应急处置办法；其次要在债务风险责任追究上应更加明确和细化，对每一级风险事件都要追责，以规避各种侥幸心理和道德风险等。此外，对相关市场主体（主要是金融机构）在某一区域发生的与当地公共债务相关的风险事件，责任追查应具体到人，并追查其在其他区域开展的业务情况等。

五、解决相邻区县资金需求与投融资能力"空间错配"的问题

前述章节的实证研究发现，北京市与天津市、河北省相邻区县[①]存在严重的资金需求与投融资能力"空间错配"问题。一方面，由于当地金融业发展水平相对偏低，政府举借债务的途径有限，限制了债务规模；另一方面，相邻区的经济发展水平低于北京市其他区，投资者缺乏信心，融资成本高，融资成功率低。为解决"空间错配"问题，首先，相邻区区政府不应利用财政等手段干预金融资源配置，包括通过财政存款、财政补贴、高管任免奖励等手段诱导金融机构加大对当地经济建设的资金支持，上述措施只会加大公共债务风险；其次，相邻区应大力发展本地区经济，完善信息披露机制，提高投资者信心，从而提高融资成功率；最后，北京市政府加大对相邻区县转移支付的力度，补充地方财力，同时适当调整相邻区承担的政府职能，使"事权"与"财权"相匹配，缓解区财政收支矛盾。

---

① 相邻区是指与天津市、河北省相邻的北京市的区。

第二节 加强北京市公共债务管理的中期措施(一至三年)

一、规范金融机构投融资行为,防范北京市连带隐性债务风险

根据前述分析,北京市连带隐性债务风险是指除北京以外的其他省份的融资平台通过北京市所属金融机构进行融资,由此产生的违约风险而给北京市政府带来的连带债务风险。为防范上述风险,应加强对北京市所属金融机构投融资行为的监管力度,规范其对外投资和借款流程,加大对外省融资平台项目的审批力度,减少或避免对风险大、不确定性高的新项目的投资。此外,完善连带隐性债务的信息披露制度,将北京市所属金融机构对外省融资平台的投资情况置于公众监督之下,避免连带隐性债务的无序增长。

二、加大北京市财会人才培养力度,夯实债务监管的后备力量

财会人员(包括政府会计和企业会计等)的专业知识和业务能力是贯彻落实各项监管政策的关键因素和长久保障。一方面财政部门作为地方公共债务的归口管理部门,亟需基础厚、技能专、视野开阔、求真务实的专业管理人员,承担起债务规模控制、债券发行、债务预算管理以及相关的统计分析和风险监控等工作。另一方面金融机构、国有企业和社会资本也亟需大量财会专业人才,帮助其在与地方政府合作中能真正坚持和做实出资人的审慎原则,从资金源头上防范化解地方公共债务风险。为此,北京市政府应该一方面加大对本市高校财会学科建设的支持力度,包括加大对财会学科的资金支持、完善配套教学资源等;另一方面对北京市政府有关部门负责人和业务骨干加大财会知识培训,提升财会专业素养;此外,还可以考虑出台相关财会人才奖励政策，如住房补贴、个人所得税优惠等，吸引高端财会人才来京发展。

三、建立地方公共债务风险监管的协同机制

多方协同、共同努力，方能实现地方公共债务风险的有效监管。其中，财政部门应做好债务规模控制、债券发行、预算管理、统计分析和风险监控等工作；发展改革部门应加强政府投资计划管理和项目审批，从严审批债务风险较高地区的新开工项目；金融监管部门应加强监管和正确引导，制止金融机构违法违规提供融资；审计部门应依法加强对地方公共债务的审计监督，促进债务管理制度的规范化、债务资金使用效率和效益的不断提高。从中期来看，应逐步完善北京市公共债务风险监管的跨部门协调机制，实现债务信息共享，各部门从资金端与资产端共同监控监管对象的债务信息，做到一一对应、件件把握、时时监督。

第三节 加强北京市公共债务管理的长期措施（三年以上）

一、建立中央和北京新型财政关系

以建立现代财政制度为契机，结合国家进一步改进央地事权划分标准、规范央地财力划分标准、优化政府间转移支付制度等政策，北京市应结合本地在新时代的城市发展定位，明确中央政府和北京市政府的事权和支出责任，根据支出责任测算相应的执行成本，进而依据执行成本来分配财力，以确保北京市政府财力与事权相匹配，明确北京市政府对其债务负有的偿还、担保和救助责任等。对于超出中央政府承担范围的债务风险，中央政府不应通过转移支付等方式给予救助，避免"预算软约束"产生一系列问题。

二、建立多维绩效考核制度，优化政府投资

1. 培育新的政绩观，改变以 GDP 为核心的晋升激励机制

在以 GDP 为核心的政绩考核制度下，若政府官员倾向于投资规模大、见效快的项目，甚至不惜大建政绩工程，资金使用效率低，不利于提高居民福利水平。因此，应培育和树立新的地方政府政绩观，建立多维绩效评价体系，综合考察北京市政府官员的管理水平和绩效。此外，在进行政绩考核制度改革时，还应当充分考虑居民福利偏好，完善社会监督机制。

2. 改善北京市政府投资的规模与结构

不可否认的是，政府投资在经济发展中发挥着重要作用，但盲目投资刺激经济增长的观念与做法不可取。政府应根据不同时期经济发展特征，选择

合适的投资方向与规模,合理配置资源,最大限度地发挥财政资金的经济促进作用。在这一过程中,我们还应注意,政府投资是以不阻碍民间投资的发展为前提的,应注重提供优质的公共品和服务,创造良好的营商环境。

三、持续推动国有资产管理体制和土地制度等方面的深化改革

例如,借助北京市政府资产负债表的编制,渐次推进北京市国有资产管理相关体制改革。具体地,就是将城镇建设用地等重要国有资产全流程纳入国有资本经营预算表,促进地方公共债务转化为优质国有资产。同时,还应加快推进农村集体土地"三权分置"改革,提高地方政府征用农地的成本,抑制地方政府出让土地的冲动,遏制地方政府通过土地抵押等方式过度举债融资。

参 考 文 献

[1] 白重恩，张琼. 中国的资本回报率及其影响因素分析 [J]. 世界经济，2014（10）.

[2] 财政部预算司课题组. 地方政府举债的破产机制 [J]. 经济研究参考，2009（43）.

[3] 曹信邦，裴育，欧阳华生. 经济发达地区基层地方政府债务问题实证分析 [J]. 财贸经济，2005（10）.

[4] 陈菁，李建发. 财政分权、晋升激励与地方政府债务融资行为——基于城投债视角的省级面板经验证据 [J]. 会计研究，2015（1）.

[5] 陈浪南，杨子晖. 中国政府支出和融资对私人投资挤出效应的经验研究 [J]. 世界经济，2007（1）.

[6] 陈晓光. 财政压力、税收征管与地区不平等 [J]. 中国社会科学 2016（4）.

[7] 程宇丹，龚六堂. 财政分权下的政府债务与经济增长 [J]. 世界经济，2015（11）.

[8] 程宇丹，龚六堂. 政府债务对经济增长的影响及作用渠道 [J]. 数量经济技术经济研究，2014（12）.

[9] 刁伟涛. 中国地方政府债务透明度评估：2014—2015 [J]. 上海财经大学学报，2017（5）.

[10] 樊娜娜. 城镇化、公共服务水平与居民幸福感 [J]. 经济问题探索, 2017 (9).

[11] 付文林, 沈坤荣. 中国公共支出的规模与结构及其增长效应 [J]. 经济科学, 2006 (1).

[12] 傅勇, 张晏. 中国式分权与财政支出结构偏向：为增长而竞争的代价 [J]. 管理世界, 2007 (3).

[13] 郭杰, 郭琦. 信贷市场有限竞争环境中财政引发的国有部门投资的宏观影响——基于扩展 RBC 模型的研究 [J]. 管理世界, 2015 (5).

[14] 郭玉清, 何杨, 李龙. 救助预期、公共池激励与地方政府举债融资的大国治理 [J]. 经济研究, 2016 (3).

[15] 郭月梅, 陈平, 毛琼枝. 财政分权、投资冲动与地方政府债务增长 [J]. 广西财经学院学报, 2019 (2).

[16] 国家发展改革委外事司. 一个日本小城市的破产 [J]. 中国经贸导刊, 2006 (17).

[17] 何杨, 满燕云. 地方政府债务融资的风险控制——基于土地财政视角的分析 [J]. 财贸经济, 2012 (5).

[18] 胡洪曙, 鲁元平. 公共支出与农民主观幸福感——基于 CGSS 数据的实证分析 [J]. 财贸经济, 2012 (10).

[19] 胡娟, 范晓婷, 陈挺. 地方政府性债务可持续性测度及对策研究——基于中国审计公报数据 [J]. 中央财经大学学报, 2016 (6).

[20] 黄春元, 毛捷. 财政状况与地方债务规模——基于转移支付视角的新发现 [J]. 财贸经济, 2015 (6).

[21] 贾俊雪, 张超, 秦聪, 冯静. 纵向财政失衡、政治晋升与土地财政 [J]. 中国软科学, 2016 (9).

[22] 贾俊雪, 张晓颖, 宁静. 多维晋升激励对地方政府举债行为的影

响[J].中国工业经济,2017(7).

[23] 贾康,白景明.县乡财政解困与财政体制创新[J].经济研究,2002(2).

[24] 贾康,刘微,张立承,石英华,孙洁.我国地方政府债务风险和对策[J].经济研究参考,2010(14).

[25] 姜子叶,胡育蓉.财政分权、预算软约束与地方政府债务[J].金融研究,2016(2).

[26] 蒋丽,李锋,方健雯.城镇化能提升居民幸福感吗?——基于区域和个体层面的多层模型研究[J].公共行政评论,2017(6).

[27] 李萍,许宏才,李承.地方政府债务管理:国际比较与借鉴[M].中国财政经济出版社,2009.

[28] 李涛,周业安.财政分权视角下的支出竞争和中国经济增长:基于中国省级面板数据的经验研究[J].世界经济,2008(11).

[29] 林梦瑶.国内外绿色债券标准的比较研究[J].金融与经济,2018(4).

[30] 刘尚希,赵全厚,孟艳,封北麟,李成威,张立承."十二五"时期我国地方政府性债务压力测试研究[J].经济研究参考,2012(8).

[31] 刘尚希.财政风险及其防范研究文集[M].北京:经济科学出版社,2000.

[32] 刘生龙,周绍杰.基础设施的可获得性与中国农村居民收入增长——基于静态和动态非平衡面板的回归结果[J].中国农村经济,2011(1).

[33] 吕健.影子银行推动地方政府债务增长了吗[J].财贸经济,2014(8).

[34] 绿色金融工作小组.构建中国绿色金融体系[M].北京:中国金融出版社,2015.

［35］马光荣，杨恩艳．打到底线的竞争——财政分权、政府目标与公共品的提供［J］．经济评论，2010（6）．

［36］马海涛，吕强．我国地方政府债务风险问题研究［J］．财贸经济，2004（2）．

［37］马洪范，张艳蓉．意大利结构性改革的进展、成效与启示［J］．财政科学，2018（4）．

［38］毛捷，黄春元．地方债务、区域差异与经济增长——基于中国地级市数据的验证［J］．金融研究，2018（5）．

［39］毛捷，徐军伟．中国地方政府债务问题研究的现实基础——制度变迁、统计方法与重要事实［J］．财政研究，2019（1）．

［40］毛锐，刘楠楠，刘蓉．地方政府债务扩张与系统性金融风险的触发机制［J］．中国工业经济，2018（4）．

［41］缪小林，伏润民．权责分离、政绩利益环境与地方政府债务超常规增长［J］．财贸经济，2015（4）．

［42］缪小林，史倩茹．经济竞争下的地方财政风险：透过债务规模看财政效率［J］．财政研究，2016（10）．

［43］潘俊，王亮亮，沈晓峰．金融生态环境与地方政府债务融资成本——基于省级城投债数据的实证检验［J］．会计研究，2015（6）．

［44］庞晓波，李丹．中国经济景气变化与政府债务风险［J］．经济研究，2015（10）．

［45］蒲丹琳，王善平．官员晋升激励、经济责任审计与地方政府投融资平台债务［J］．会计研究，2014（5）．

［46］史宗瀚．中国地方政府的债务问题：规模测算与政策含义［J］．中国教育财政科学研究所科研简报，2010（2）．

［47］宋姗姗．财政分权、投资冲动与地方债务增长研究［J］．上海金

融，2018（2）.

[48] 孙悦. 地方政府破产与财政重建研究——以日本北海道夕张市为个案 [J]. 公共行政评论，2011（1）.

[49] 唐东波. 挤入还是挤出：中国基础设施投资对私人投资的影响研究 [J]. 金融研究，2015（8）.

[50] 王芳，谭艳艳，严丽娜. 中国政府负债信息披露：现状、问题与体系构建 [J]. 会计研究，2017（2）.

[51] 王家强，韩丽颖. 欧洲：欧债危机再获喘息时机——评希腊第二轮救助计划 [J]. 国际金融，2012（3）.

[52] 王晓曦. 我国政府融资平台的制度缺陷和风险机理研究 [J]. 财政研究，2010（6）.

[53] 王叙果，张广婷，沈红波. 财政分权、晋升激励与预算软约束——地方政府过度负债的一个分析框架 [J]. 财政研究，2012（3）.

[54] 王永钦，陈映辉，杜巨澜. 软预算约束与中国地方政府债务违约风险：来自金融市场的证据 [J]. 经济研究，2016（11）.

[55] 肖鹏，刘炳辰，王刚. 财政透明度的提升缩小了政府性债务规模吗？——来自中国29个省份的证据 [J]. 中央财经大学学报，2015（8）.

[56] 杨灿明，鲁元平. 地方政府债务风险的现状、成因与防范对策研究 [J]. 财政研究，2013（11）.

[57] 杨萍. 京津冀投融资环境比较 [J]. 中国经济报告，2018（4）.

[58] 杨十二，李尚蒲. 地方政府债务的决定：一个制度解释框架 [J]. 经济体制改革，2013（2）.

[59] 杨志勇. 地方债启动之配套条件研究 [J]. 地方财政研究，2009（4）.

[60] 尹恒，杨龙见. 地方财政对本地居民偏好的回应性研究 [J]. 中

国社会科学，2014（5）.

［61］张平. 后土地财政时代我国地方政府偿债问题研究［J］. 当代财经，2013（1）.

［62］张玉佩，薛立强. 中国地方政府债务研究述评：理论视角及其发展［J］. 经济体制改革，2013（4）.

［63］张曾莲，杨智祯，常浩然. 政府审计、政府债务对腐败的影响——基于2009—2014年省级政府数据的实证分析［J］. 财会月刊，2018（4）.

［64］赵云旗. 地方公共债务研究［J］. 经济研究参考，2011（38）.

［65］郑丹，Tatsuaki Kuroda. 城市基础设施水平如何影响居民工资收入：溢价还是折价［J］. 南方经济，2017（1）.

［66］钟辉勇，陆铭. 财政转移支付如何影响了地方政府债务？［J］. 金融研究. 2015（9）.

［67］周黎安. 行政发包制［J］. 社会，2014（6）.

［68］周力，应瑞瑶. 外商直接投资与工业污染［J］. 中国人口·资源与环境. 2009（2）.

［69］周学东，李文森，刘念，周源，姜子叶，彭恒文，陈冀，唐晓婕. 地方债务管理与融资规范研究［J］. 金融研究，2014（10）.

［70］庄佳强，陈志勇. 城镇化进程中的地方政府财政风险——基于三类融资模式的比较分析［J］. 中南财经政法大学学报，2017（1）.

［71］Arrow, K., and M. Kurz, "Public Investment, The Rate of Return, and Optimal Fiscal Policy," Johns Hopkins Press, 1970：567 – 598.

［72］Aschauer, D. A., "Is Public Expenditure Productive," Journal of Monetary Economics, vol. 23, 1989：177 – 200.

［73］Barro, R. J., "Government Spending in a Simple Model of Endogenous Growth," Journal of Political Economy, vol. 98, no. 5, 1990：103 – 126.

[74] Barro, R. J. , and H. I. Grossman, "A General Disequilibrium Model of Income and Employment," American Economic Review, vol. 61, no. 1, 1971: 82 – 93.

[75] Bjornskov, C. , A. Drehe, and J. A. V. Fischer, "On Decentralization and Life Satisfaction," Economics Letters, vol. 99, no. 1, 2008: 147 – 151.

[76] Checherita – Westphal, C. , and P. Rother, "The Impact of High Government Debt on Economic Growth and Its Channels: An Empirical Investigation for Euro Area," European Economic Review, vol. 56, no. 7, 2012: 1392 – 1405.

[77] Cochrane, J. H. , "Understanding Policy in the Great Recession: Some Unpleasant Fiscal Arithmetic," European Economic Review, vol. 55, no. 1, 2011: 2 – 30.

[78] Daniele Schilirò, " Public Debt and Growth in Italy: Analysis and Policy Proposals,", International Journal of Business Management and Economic Research, Vol. 10, No. 5, 2019: 1695 – 1702.

[79] Eden, M. , and A. Kraay, " 'Crowding In' and the Returns to Government Investment in Low – Income Countries," World Bank Policy Research Working Paper, no. 6781, 2014.

[80] Elemendorf, D. W. , and N. G. Mankiw, "Government Debt," Handbook of Macroeconomics, North Holland, 1999: 1615 – 1669.

[81] Friedman, M. , "The Counter – Revolution in Monetary Theory," Institute of Economic Affairs, London, 1970: 245 – 289.

[82] Grossman, G. , and A. Krueger, "Environmental Impacts of a North American Free Trade Agreement," NBER Working Paper, no. 3914, 1991.

[83] Hackbart, M. M. , and J. Leigland, "State Debt Management Policy: A

National Survey," Public Budgeting & Finance, vol. 10, no. 1, 2010: 37 - 54.

[84] Islam, M. F., and M. S. Hasan, "The Macroeconomic Effects of Government Debt on Capital Formation in the United States: An Empirical Investigation," Manchester School, vol. 75, no. 5, 2007: 598 - 616.

[85] Kim, E., and S. Kim, "Corruption and Financial Management: Evidence From Korean Local Governments," Korean Journal of Policy Studies, vol. 30, no. 2, 2015: 177 - 192.

[86] Kumar, M. S., and J. Woo, "Public Debt and Growth," Economica, vol. 82, no. 328, 2015: 705 - 739.

[87] Liu, C., T. T. Moldogaziev, and J. L. Mikesell, "Corruption and State and Local Government Debt Expansion," Public Administration Review, vol. 77, no. 5, 2017: 681 - 690.

[88] Munnell, R., and H. Alicia, "How does Public Infrastructure Affect Regional Performance?" New England Economic Review, vol. 34, 1990: 11 - 32.

[89] Mo, P. H., "Corruption and Economic Growth," Journal of Comparative Economics, vol, 29, 2001: 66 - 79.

[90] Ng, Y. K., "Happiness Studies: Ways to Improve Comparability and Some Public Implications," Economic Record, vol. 84, no. 265, 2008: 253 - 266.

[91] Panizza, U., and A. F. Prosbitero, "Public Debt and Economic Growth: Is There a Causal Effect?" Journal of Macroeconomics, vol. 41, 2014: 21 - 41.

[92] Polackova, H. B., "Contingent Government Liabilities: A Hidden Risk for Fiscal Stability," World Bank Working Paper, no. 1989, 1998.

[93] Prud, H. R., "The Dangers of Decentralization," World Bank Research Observer, vol. 10, no. 2, 1995: 201 – 220.

[94] Ram, R., "Government Spending and Happiness of the Population: Additional Evidence from Large Cross – Country Samples," Public Choice, vol. 138, 2009: 483 – 490.

[95] Sappington, D., "Incentives in Principal – Agent Relationships" Journal of Economic Perspective, vol, 5, 1991: 45 – 66.

[96] Siddiqui, R., and A. Malik, "Debt and Economic Growth in South Asia," Pakistan Development Review, vol. 40, no. 4, 2001: 677 – 688.

[97] Swaleheen, M., "Economic Growth with Endogenous Corruption: An Empirical Study," Public Choice, vol. 146, 2011: 23 – 41.

[98] Wu, J. X., Y. R. Wu, and B. Wang, "Local Government Debt, Factor Misallocation and Regional Economic Performance in China," China & World Economy, vol. 26, no. 4, 2018: 82 – 105.

后　记

作为财政和金融两大领域的联结点,地方公共债务涉及面广、问题多、原因复杂。从形成机制看,地方公共债务的增长既受体制宏观因素(包括财政分权和金融分权等)的影响,又离不开市场微观因素(如地方政府对融资平台公司的资产延伸和风险联保等)的驱动。从经济社会效应看,地方公共债务与经济增长、金融市场一体化、资本回报乃至环境保护等均有紧密关联。同时,地方公共债务的形成、增长和产生各方面效应,也是中央与地方不断调整财政关系和开展各类体制创新改革的过程,折射中央与地方、东部地区与中西部地区、政府与企业等多维度关系在社会主义新时代下的递嬗,是观察我国财政改革实践逻辑和具体过程的一个绝好视角。

作者有幸同时接受了财政和金融两个专业的长期学习和学术训练。感谢我的两位恩师金雪军教授(浙江大学经济学院)和白重恩教授(清华大学经管学院),是他们的悉心培育和无私帮助让我有机会接触、了解和研究地方公共债务问题。本书是我和我指导的两位博士生韩瑞雪、徐军伟的共同成果,从书稿内容构思、初稿写作到修改稿讨论,两位博士生全程参与并贡献了不少重要想法。同时,作者感谢中国财政经济出版社刘孺泾老师高质量的编辑工作。此外,作者感谢国家自科基金面上项目(71573038)以及对外经济贸易大学中央高校基本科研业务费专项资金资助(CXTD9-01)对本书出版的资助。

尽管一本书或几篇论文无法描绘地方公共债务的全貌，但"不积跬步，无以至千里"。通过本书，作者希望可以为顺利完成国家社科基金重大项目"新时代下地方政府债务风险的新特征与监管研究"（18ZDA097）的研究任务提供扎实的案例支撑，同时希望本书对北京市地方公共债务的多方面分析能够帮助读者更深入地认识和理解我国地方公共债务的内在逻辑和关键问题。

毛捷

2020 年 2 月 20 日